말의 위력

상대를 감동시키는 자상하게 마음 써주는 말

상대를 감동시키는
자상하게 마음 써주는 말

말의
위력

| 강준린 편저 |

씽크북

낚시를 좋아하는 사람

"고기가 낚이는 것도 낚시라면,
고기가 낚이지 않는 것도 낚시다."

낚시를 좋아하는 친구로부터 배운 말이다.

"좋은 때도 있고, 나쁜 때도 있다."

이렇게 깨닫고 있다면,
인생은 언제나 즐겁지 않을까.

솔직한 야채 장수

근처에 트럭으로 오는 야채 장수가 있다.
길거리 장사이지만 소탈한 성격으로
근처의 주부들에게 인기가 좋다.
어느 날 아내에게 야채 장수가 사과를 권했다.

'요즘은 맛이 안 좋아서……' 라며 아내는 거절했다.
하지만 야채 장수는 굳이 부정을 하지 않는다.

먼저 '그렇지요' 라고 수긍한 후
'약이라고 생각하고 먹어요' 라고 천연덕스럽게 말했다.

이 정직함에 끌려서일까, 아내는 사과를 사왔다

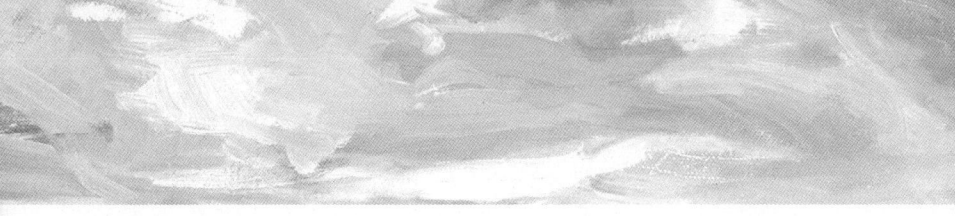

'일이 즐거우면 인생은 극락이다.'
'일이 의무라면 인생은 지옥이다.'

이 글은 직장 생활을 하는 사람, 아니 실적이 좋은 영업자가 되고자 하
는 이들을 위한 글이다. 그렇다고 이 글에서 영업자의 이상적인 모습만을
설명하는 것은 아니다. 이 글에서 중심이 되는 것은 일상에서 흔히 일어
나는 일들이다.

우리들은 사람을 움직이게 하려 할 때 무심결에 훈계부터 하려고 한다.
하지만 이럴 때는 상대방이 오히려 말을 잘 듣지 않는다. 차라리 반대로

상대의 이야기를 차분히 들어줄수록 상대는 자신의 뜻에 따라 움직여 주는 것이다.

"내가 먼저 들어주면 상대도 들어준다. 나의 말을 듣게 하려면 오히려 듣지 않는다."

이와 같이 이 글은 생활 속의 이야기를 통해서 매력적인 영업자가 되게 하는 힌트집이다.

커뮤니케이션이나 마케팅 세계에서는 말에 의해 사람의 적나라한 모습이 그대로 나타나곤 한다. 그래서인지 영업사원들은 말이라는 것에 의해서 살아나기도 하고 말 때문에 의욕을 잃기도 하는 일이 허다하다.

이 글은 직장에서 작은 고민을 갖고 있는 사람, 리더로서의 역할에서 어려움에 부딪쳐 있는 사람, 영업에서 의욕을 잃은 사람, 앞으로 리더가 되려는 사람들을 위한 글이다.

여기에 수록된 글들을 잘 활용해서 자기 자신을 잘 경영하면 많은 도움이 되리라 생각된다.

말로 죽고
말로 산다

이해력 부족

과학만국박람회에서 줄기 하나에 무수한 토마토가 달려있는
도깨비 토마토를 본 적이 있다.

'생명은 환경에 의해 성장을 방해받고 있다.
그 장애물을 제거하면 생명은 얼마든지 성장한다.'

이런 생각이 도깨비 토마토의 재배를 성공시켰다고 한다.
그렇다면 토마토의 성장을 방해하는 요인은 무엇일까.
바로 토양이라고 한다.

토양을 제거하면 토마토는 얼마든지 성장한다는 뜻이다.

사람이 만든 조직 속에도 이런 장애물이 있다.

멤버(부하)의 사기를 저해하는 것,
그것을 제거하면 멤버들은 비약적으로 성장한다.

그것은 무엇일까.
나는 인간에 대한 이해력 부족이라고 생각한다.
조직에 있어서 두려운 것은 리더의 이런 이해력 부족이다.
이것은 때로는 조직이 갖고 있는 힘을 반감시키기도 한다.

일요일과 평일의 차이

사람에 대한 이해가 얼마나 중요한가를 가르쳐주는 일화가 있다.
K씨는 남극 탐험대의 대장이었다.
남극 생활에 얼마쯤 익숙해졌을 때 한 대원이 그에게 건의했다.

'일요일은 휴일답게 쉬는 게 어떨까요?'
'이곳이 한국인줄 아나! 이곳은 남극이다! 바보 같은 소리 하지 마!'

하지만 대원들의 강력한 건의에 K씨는 한발 물러설 수밖에 없었다.
그렇게 쉬기로 한 첫 일요일이 왔다.
일요일은 쉬기로 했기 때문에 K씨는 늦잠을 자고
천천히 숙소에서 나왔다.
하지만 여느 때와 똑같이 일을 하고 있는 대원들을 보고서 화가 났다.
'일요일은 쉬기로 했잖은가!'
대원들은 입을 모아 말했다.

'대장은 사람을 모르시는군요.
평일날 하는 일은 우리가 하지 않으면 안 되는 일이죠.
게으름피면 당연히 야단을 듣는 일이구요.
하지만 일요일에 하는 일은 우리가 좋아서 하는 일입니다.
게으름을 부리던 무엇을 하던 우리 자유란 말입니다.'

이 말을 듣고 K씨는 끄덕이며 반성했다고 한다.

불가사의한 힘을 내뿜는 것, 의지

다른 사람이 아닌 오로지 자신만의 의지로 행동할 때
사람은 아무리 힘든 일을 해도 피곤하지 않다.
A씨의 얘기는 이런 사실을 가르쳐주고 있다.

사이가 나쁜 이웃과 1Km 걷는 것과 인연과
10Km를 걷는 것,
어느 쪽이 피곤할까. 답은 명확하다.

행복한 직업인

남들이 하기 힘든 일을 하면서
기뻐하는 사람을 행복한 직업인이라고 한다.

그러나 한 가지 조건이 더 붙는다.
그런 직업은 바로 출세와 별로 관계없다는 사실이다.
예를 들면 봉사정신이 투철해야 하는 간호사의 일.

KNOW YOUR MEN

미국의 생명보험회사 연수회에 참가했을 때
들은 중요한 말이 하나 있다.

know your men.
know your men.
know your men.

육군사관학교의 교훈이라고 한다.
미국에서도 '먼저 부하의 마음을 아는 것이 상사' 라고 가르치고 있다.
사람에 대한 이해력을 갖춰야 하는 리더의 덕목을 말한 것이다.

최고의 찬사

고등학생인 아들이 학교에서 돌아왔다.
아들은 엄마에게 빈 도시락을 건네주며 한마디 했다.

"엄마 오늘 도시락 맛있었어요."
'맛있었다' 라는 말은 엄마에게는 바로 최고의 찬사다.

인간을 아는 5개의 키워드

인간을 알기 위해서는 무엇을 공부하면 좋을까. 아마도 뇌의 역할이 아닐까 하고 생각한다. 뇌의 활동은 인간의 행동과 사고의 원점이다. 뇌의 역할을 아는 것은 인간을 이해하는 것과 밀접하게 연관지어진다.

또 뇌를 블랙박스라고 하기도 한다. 밝혀지지 않은 것이 많아서 붙여진 말이다. 혹자는 "뇌를 연구하면 할수록 신을 믿고 싶어진다."라고 말할 정도다. 그러나 현재 알려진 것만으로도 인간을 이해하는 열쇠 몇 가지를 찾아볼 수 있다.

첫째, 인간은 외로운 존재
둘째, 인간만이 얻을 수 있는 기쁨
셋째, 인간에게만 있는 상냥함
넷째, 인간은 모순투성이의 존재
다섯째, 습관에 약한 신경세포

비교는 인간의 선함을 퇴색시킨다

'인간을 아는 다섯 가지의 키워드'에서 인간 특유의 '상냥함'에 대해서 말했다. 인간에게는 본래 '착한 마음이 있다'라는 얘기다. 이 '착한 마음'은 실은 경쟁에 약하다. 거센 '상대 비교의 세계'에 놓이면 금방 퇴색한다. 특히 아시아권은 태어나면서부터 '상대 비교의 세계'와 접하게 된다. '옆의 아기는 태어날 때 3kg이었는데 너는 2.8kg이었어'라며 비교가 시작된다.

주변 세계도 제대로 알기 전에 아이는 유명 유치원에 들어가기 위해 공개 모의 테스트도 받는다. 특히 요즘은 영재교육에 대한 열기가 뜨거워서 대학 수험에 견줄 정도로 경쟁률도 높다. 어릴 때부터 비교를 당하며 자란 부모는 다시 그 세계에서 아이를 기른다. 초등학교, 중학교, 고등학교도 상대 비교 일색이다.

대학에서 그 세계가 없어졌나 싶다가도 사회인이 되면 다시 '승진, 능력', '이겼다, 졌다', '위냐, 아래냐' 등 비교의 세계가 계속된다. 그 결과 인간의 '착한 마음'은 점점 퇴색한다. 이것은 어느 틈에 '타인의 불행은 나의 행복'이라는 마음가짐을 부르고 자기의 가게가 번창하면서 옆의 가게가 망하기를 바라기도 한다.

최고의 금메달감

바르셀로나 올림픽 여자 마라톤에서 L선수가 은메달을 땄다. 그녀는 결승점이 멀지 않은 곳에서 구 소련의 에고로와 선수와 사투를 벌일 정도로 한발 한발이 아쉬웠지만 물 마시는 곳에서 물을 마신 후 그 컵을 애써 쓰레기통에 버리러 갔다.

또한 골인 직후, 에고로와 선수에게 가서 그의 우승을 칭찬했다. 그리고 양친이 준 꽃다발의 하나를 에고로와 선수에게 나눠줬다.

금메달 이상의 금메달감인 장면이었다. 그녀는 '이겼다, 졌다' 이상으로 아름다운 세상이 있는 것을 우리에게 가르쳐 주었다. 미국의 방송사에서 그녀를 칭찬하는 방송을 했다고 들었다.

상사가 없는 직장

방문처의 현관을 나오며 시계를 본다.

4시 반, 여기서 우리들은 다음 두 가지 행동 중 하나를 선택한다.

한 곳 더 돌까, 아니면 회사로 돌아갈까?

그때는 눈을 번뜩이는 상사가 없다.

어떤 행동을 취하든 완전 자유다.

이럴 때 영업은 어렵지만 재미가 있다.

승부에 대한 집착

현대인은 주변의 작은 일에도 '승부' 에 너무 구애를 받는다.
골프장에서도 쉽게 볼 수 있다.
같은 친구 사이라도 골프를 칠 때는 상대의 스코어가 잘 나오지 않기를
빈다. 그러다 상대방이 실수라도 하면 손뼉을 치며 기뻐한다.

서로 자신이 잘났다고 하다가 경기가 끝난다.
운동 후의 기분 좋은 느낌보다 분함만 남게 되는 것이다.
한 골프장에서 실제로 있던 일이다.
골프를 치러왔던 대기업의 중역 한 사람이 이런 부탁을 했다.
'점수판 아래에 꼭 내기 칸을 준비해 주시오' 라고.

제일 먼저 나이를 먹는 것은?

그리스 격언 중에 '제일 먼저 나이를 먹는 것은
감사의 마음이다.' 라는 것이 있다.
직장에서 제일 먼저 나이를 먹으면 곤란한 것은 무엇일까?
그것은 당연히 '의욕' 일 것이다.

이상한 말의 결과

부하의 성적이 나쁠 때 상사가 질책한다.
'일을 할 생각이나 있는 거야?'
그러나 이상한 말이다.

누구에게나 머릿속의 '새로운 뇌' 에는 '의욕의 자리' 가 있다.
누구라도 어떤 일을 할 맘이 있는 것은 당연하다.

문제는 상사와 할 맘이 생기는가 어떤가다.
상사가 마음에 들지 않으면
부하가 의욕을 내는 것은 오로지 술자리에서 뿐이다.

홍차를 맛있게 우려내는 법

영국인들에게 '홍차를 맛있게 우려내는 법' 을 물으면,
공통적으로 '끓인 물을 사용할 것' 이라고 답한다.

우수한 세일즈맨들에게 '세일즈의 요령' 을 물으면,
공통적으로 '불타는 열정' 이라고 하지 않을까?

말의 힘

'조금만 일할 맘을 내면……'
이것도 이상한 말이다.
어떤 일을 하고자하는 마음은
자신의 의지만으로 가능한 것일까.
때로는 주위와의 관계에 따라 나오는 것은 아닐까.

영화 '록키'의 테마곡이 흐를 때
복서가 이상하게 힘이 나는 것처럼 말이다.
그러므로 부하가 어떤 일을 할 마음이 없다면
비단 본인의 책임만은 아니다.

상사는 부하를 꾸짖기 전에
부하의 의욕을 끌어낼 수 있는
환경을 만들지 못한 것을 반성해야 할 일이야.

의욕을 불어넣어 주는 말

나는 오랫동안 조직생활을 해왔다.
그 경험에서 사람에게 의욕을 불어 넣어주는
네 가지의 말을 알게 되었다.
물론 앞서 언급했던 '인간을 아는 5가지 키워드' 가 기본이다.

1. 듣는다.
2. 맡긴다.
3. 알린다.
4. 인정한다.

딸을 시집보내는 마음으로
상품을 팔아라.

이것은 상품 판매의 귀신으로 불리는 H씨의 말이다.
'그렇게 생각하면
그 상품이 고객에게 도움이 되고 있는지
어떤지 가끔 보러 가고 싶어진다' 는 뜻이다.
'After Service' 의 중요함을 가르쳐 주는 명언이다.

멤버의 사기를 진작시키는 방법
첫 번째, 듣는 것

'인간을 아는 다섯 가지 키워드'에서 인간의 최대 욕망은 바로 집단욕이라고 했다. 이 욕망을 만족시키지 않으면 인간은 삶의 희망을 잃는다. 그러면 이 욕망을 만족시키는 최선의 방법은 무엇일까. 그것은 그 사람의 말을 잘 들어주는 것이다. 조직 안에서 멤버가 자신의 말을 귀 기울여 들어주길 바라는 사람은 리더다. 리더가 자기의 말을 들어줄 때 멤버는 고독감으로부터 해방되며 조직 내에서 내가 없어서는 안 될 존재라는 확신을 갖게 된다. 이에 생기가 넘치고 실력을 발휘하게 되는 것이다.

1. '그래서 어떻게 됐는데?'

라콩떼 모아라는 불어가 있다. '그래서 어떻게 됐는데?'라는 의미다. 리더가 라콩떼 모아를 자주 입에 올리게 되면 조직은 생기가 넘치게 된다.

두 사람이 대화를 하고 있다. 한 명이 일방적으로 계속 말하고 있다. 이것이 2분 이상 계속되면 다른 한 쪽은 짜증이 나기 시작해 끼어들고 싶어진다. 하지만 꾹 참고 가만히 귀를 기울인다. 상대는 한바탕 떠들고 나서 한숨을 쉰다. 그때 짜증을 참던 쪽은 웃는 얼굴로 한마디 한다. '그래서 어떻게 됐는데?' 이 사람이 자신의 말에 귀를 기울이고 있었구나 하는 생각에 상대는 기분이 좋아진다. 듣는 쪽과 말하는 쪽이 상사와 부하의 관계라면 어떻게 될까. '이 상사 밑에서라면 최선을 다해야지'라고 마음속으로 맹세하지 않을까.

라콩떼 모아는 부하를 살아 움직이게 하는 마법의 말이다. 그러나 간단하면서도 쓰기 힘든 것이 라콩떼 모아라는 말이다.

2. 태어나서 지금까지 내 얘기를 오랜 시간 들어준 사람이 있나요?

구로야나기 테츠코 저 '창가의 돗토군'은 500만부 이상이 팔린 세기의 베스트셀러다. 그 책의 서두에는 구로야나기 씨가 초등학교 1학년 때 전근하신 교장 선생님에게 바치는 서문이 있다. 전에도 후에도 그 분만큼 자기 얘기를 열심히 들어준 사람은 없었기 때문에 구로야나기 씨는 그 교장 선생님을 평생 잊지 못한다고 한다.

본문의 일부를 소개한다.

선생님은 돗토군의 앞에 있는 빈 의자를 보고 와서 앉았다. 그리고 마주 보면서 말했다.

"자, 아무거나 나한테 말해보렴. 말하고 싶은 것 전부"

"말하고 싶은 것이요?"

돗토군은 의아했으나 내심 기뻐하면서 말하기 시작했다. 순서도, 말하는 법도 엉망진창이었으나 자신의 생각을 열심히 말했다. 아침에 타고 온 전차가 빨랐다는 것, 역 개찰구의 아저씨께 부탁했지만 표를 주지 않은 것, 전에 다니던 학교의 담임선생님은 얼굴이 예뻤다는 것, 그 학교에는 제비집이 있었다는 것, 또 아빠는 수영을 잘해서 다이빙도 할 수 있다는 것도 말했다. 돗토군은 쉬지 않고 자신의 이야기들을 말했다. 선생님은 웃기도 하고, 고개를 끄덕이기도 하고 반문도 하면서 돗토군의 이야기를 들어주셨다. 그리고 드디어 할 얘기가 없어진 돗토군은 입을 다물고 다음 할 얘기를 생각했다. 그때 선생님이 한마디하셨다.

"또 없니?"

돗토군은 가슴 찡한 마음이 들었다. 태어나서 오늘까지 이렇게 긴 시간 자기의 얘기를 들어 준 사람은 없었기 때문이었다.

_구로야나기 테츠코 저 '창가의 돗토' 에서

3. 정신과 의사의 라이벌

S팀장은 사원들로부터 '매력적인 리더' 에 대한 설문조사를 한 일이 있

다. 제일 많았던 답은 '자신의 얘기를 들어주는 사람'이었다. '들어주는 사람'이었지 결코 '들려주는 사람'은 아니었다.

　여기서 한 요리집의 주인 아주머니 얘기를 해볼까. 그녀는 미인도 아니고, 그 집 요리 자체가 그다지 맛있는 것도 아니었다. 그렇다고 술이 특별히 좋은 것도 아니었다. 그런데도 저녁이 되면 많은 샐러리맨들이 그 가게에 들르곤 하여 가게는 항상 북적댔다. 그 인기의 비결은 바로 주인 아주머니였다. 그 아주머니는 손님들의 이야기를 항상 잘 들어주었다. 젊은 샐러리맨이 우울한 얼굴을 하고 카운터에 앉는다.

　"어머나, 어떻게 된 거야? 힘이 없군. 또 과장에게 혼났어?"

　아주머니는 맥주를 따르며 그의 얼굴을 들여다본다. 수긍해주며 어리석은 얘기를 계속 들어준다. 실컷 들은 뒤에 한마디 위로의 말을 해준다.

　"그래, 하지만 참는 게 중요해요. 과장도 이제 슬슬 전근할 때잖아."

　이 말 한마디로 샐러리맨은 만족한다.

　"아아, 알아주는 사람이 있구나."

　맥주를 한 입에 마시고 힘차게 집으로 돌아간다. 포장마차 아저씨나 요리집 아주머니나 손님의 이야기를 잘 들어주는 사람이 많다. 정신과 의사의 라이벌은 바로 이들이 아닐까.

4. 세 개의 스피커

　젊은 사람의 대화는 언제나 자기중심적이다. 언젠가 KTX에 탔을 때였다. 내 뒷좌석에 20세 안팎의 젊은 여자가 3명 탔다. 그 중 한 명이 갑자기 '어제 기분 나쁜 일이 있었어.'라고 말하기 시작했다. 다른 두 사람은 들어주고 있나보다 하고 생각했는데 실은 그게 아니었다. '어머, 나도 그래' 한마디를 한 후 세 사람은 서로 서로를 무시하고 오로지 '자기에게 어떤 기분 나쁜 일이 있었는가'만을 떠들어댔다. 한참을 떠들어댄 후 세 사람은 한숨을 쉬었다. 이것은 대화는 아니다. 세 개의 스피커가 맘대로 울리고 있을 뿐이다. '귀 기울인다'라는 말을 젊은이들은 알지 못한다.

5. 상사가 '모모'가 된다면

미카엘 엔더 작 '모모'라는 동화가 있다. 시간 도둑과 빼앗긴 시간을 되찾으려는 여자아이의 신비스런 동화다. 그 아이의 이름이 바로 제목인 '모모'로 세계 각국에서 번역되어 베스트셀러가 되었다. 그 내용 중에 '듣는 일'의 중요함과 대단함을 가르쳐주는 대목이 있다. 여기서 인용한다.

모모가 있는 곳에는 많은 이들이 찾아왔습니다. 모모 옆에는 항상 누군가가 모모 옆에 앉아 열심히 얘기하고 있습니다. 볼일이 있어 모모를 찾아올 수 없는 사람은 자기의 집에 와달라고 연락을 하기도 했습니다. 그리고 어려워하는 사람들이 있으면 모두가 이렇게 말해 주었습니다.

"모모에게 가봐."

동네사람들은 이 말을 즐겼습니다. '안녕하십니까' '잘 먹었습니다.' '어머, 대단하네' 등등의 말을 정해진 때에 사용하듯이 사람들은 무슨 일이 있으면, '모모에게 가봐'라고 말했습니다.

왜 그럴까요? 모모가 머리가 좋아 상담을 하면 좋은 생각을 가르쳐줬기 때문일까요? 위로가 필요한 사람에게 마음에 스며드는 말을 해줬기 때문일까요? 무엇에 대해서도 현명하고 바른 판단을 내려줬기 때문일까요? 아닙니다. 이런 일들에 대해서는 '모모'도 다른 아이와 같은 수준일 뿐이었습니다. 그렇다면 모모는 사람의 마음을 즐겁게 해주는 장점이 있었기 때문일까요? 예를 들면 특별히 노래를 잘한다든가, 악기연주를 잘한다든가 하는 일 말입니다. 아니요, 그것도 아닙니다. 마법을 할 줄 알았을까요? 어떤 고민과 괴로움도 날려버릴 수 있는 불가사의한 주문을 알고 있었을까요? 상대를 점쳐준다든가, 미래를 예언한다거나 할 수 있기 때문일까요? 그것도 아닙니다.

작은 모모가 할 수 있었던 일은 바로 상대의 얘기를 듣는 것이었습니다. 뭐야, 그런 일이라니라고 여러분은 말하겠죠. 얘기를 듣는다니 누구라도 할 수 있는 일이잖아. 그러나 그것은 대단한 일입니다. 정말로 잘 들어줄 수 있는 사람은 별로 없습니다. 모모는 다른 사람에게 없는 그런 훌륭한 재능을 갖고 있었던 것입니다. 모모가 얘기를 들어주면 아무리 멍청한 사람일지라도 생각이 정리되어 떠오릅니다. 모모가 그런 생각을 끌어낼 수 있도록 말하기도 하고 질문하기도 하고 하기 때문이 아닙니다. 모모는 단지 꼼짝 않고 앉아서 주의 깊게 듣고 있을 뿐입니다. 그 큰 눈은 상대를 가만히 응시하고 있습니다. 그러면 상대는 자기에게 그런 능력이 잠재해 있었는가하며 놀랄 정도의 생각이 떠오르는 것입니다. 모모가 들어주고 있으면 어떻게 하면 좋을지 몰라 헤매던 사람에게 자기의 의지가 확실해집니다. 갑자기 눈앞이 열리고 용기가 생깁니다. 불행한 사람, 고민하는 사람에게 희망과 따뜻함이 용솟음칩니다. 예를 들어 볼까요? "나의 인생은 아무 의미도 없고, 깨진 항아리나 다름없어. 다른 항아리가 금세 내 자리를 채울 뿐이야. 살아도 죽어도 별 차이가 없는거야."라고 생각하는 사람이 있다고 해 봅시다. 이 사람이 모모에게 그 생각을 말했다고 하면 그 사람은 말하는 도중 자기가 틀렸다는 것을 깨달을 것입니다.
"아냐, 나는 아냐, 세계의 인간 중에 나라는 사람은 한 사람밖에 없어. 그러니까 나는 나름대로 이 세상에서 중요한 존재인 거야."

자, 사람의 말에 귀 기울이는 것이 대단한 일이 아니라고 생각할 사람이 있습니까. 그런 사람은 모모처럼 할 수 있는지 한번 시험해보십시오.

조직 내에 '모모' 처럼 되고자 노력하는 사람이 있다. 그런 상사를 모시고 있는 부하는 필시 행복한 사람들이다.

6. 인간의 다섯 종류
인간은 다섯 종류로 나눌 수 있다고 한다.

첫째, '없어서는' 안 되는 사람
둘째, '있는 편'이 좋은 사람
셋째, '있어도 없어도' 좋은 사람
넷째, '없는 편'이 좋은 사람
다섯째, 빨리 '없어지는 게' 좋은 사람

어떤 인간이라도 이 다섯 가지 종류 안에 들어간다는 것이 재미있다. 가정에서는 '없어서는' 안 되는 아빠이지만 직장에서는 어떨까. 문제는 직장에서 부하가 자기 자신을 어떤 분류에 넣고 있는가다. 자기를 '없어서는' 안 되는 존재라고 확신한다면 뇌의 '의욕의 자리'가 활기를 띠어 생기 있게 일을 하며, 실력 이상의 일도 하게 될 것이다. 그러면 부하에게 그런 생각을 하게 할 수 있는 가장 좋은 방법은 무엇일까. 여러 번 언급했듯 부하의 얘기에 자주 귀를 기울여 주는 것이다.

7. 대화를 양보할 때 진정한 대화가 통합니다

할머니 두 명이 길에서 만났다. 한쪽에서 먼저 손자에 대한 자랑을 시작한다. 한바탕 떠든 후 상대방에게도 손자가 있었다는 생각에 물어본다.

"그런데 댁은 손자였던가요? 아니면 손녀?"

상대는 기다렸다는 듯이 "아~ 우리 손자도 유치원에서……"라고 자랑한다.

이렇게 짧은 질문으로 대화를 상대에게 돌려줄 수 있다. 이런 사람을 진정으로 대화를 이끄는 사람이라고 생각한다. 생기있고 밝은 직장. 자신도 그 생기있는 분위기의 한 사람이 되고 싶다. 이런 직장의 분위기를 관찰하다보면 리더가 상대에게 대화를 돌리는 사람인 경우가 많다. 그는 짧은 질문을 실로 솜씨 좋게 쓰고 있다. 예를 들어 "어려운 일이군요. 베테랑인 A씨 의견이 아니면 안 될 것 같아요. A씨, 당신이라면 어떻게 하겠소?", "이런 때는 젊은 사람의 생각을 듣고 싶은데 신입인 B씨는 어떻게 생각해요?" 같은 것이다.

8. 상대의 넋두리를 따라하고 공감해주세요

대화를 양보하는 제일 쉬운 방법은 바로 상대의 말을 되풀이하는 것이다. 이를 앵무새 반응이라고도 한다. A씨의 경험담을 소개해 본다. A씨가 대전에서 지사장을 할 때의 얘기다. 어느 날 한 여사원이 울면서 그만두고 싶다고 말하러 왔다. 알아보니 그녀는 우수한 실적을 자랑하는 사원이었다. 나는 순간 '왜?' 라고 묻고 싶었다. 하지만 이때 '왜?' 라고 물었다면 그녀의 대답은 뻔할 수밖에 없다. '수입이 나쁘기 때문입니다.' 그러면 나는 또 이렇게 말했겠지. '작년 8월에 입원했을 때 2개월 쉬었죠? 그때도 월급이 나갔잖아요. 지금 그때 받은 월급에 상당하는 일을 한다고 생각하세요. 힘을 내서 말이죠.'

이런 대화로도 그녀는 알아들은 얼굴을 하고 귀가할지도 모르지만 그때 A씨는 '왜?' 라고 묻는 대신 상대의 말을 되풀이했다. '나도 지사장을 그만두고 싶습니다' 라고. 그녀는 정색을 하지만 또 넋두리를 늘어놓는다.

'저번 달 월급은 100만 원 밖에 되지 않았습니다.'

나는 또 따라한다. '100만 원 밖에 안 됐다고요.', '그래서 시어머니로부터 돈을 빌려 생활하고 있어요', '어머니에게서 빌려 쓴다구요?', '그렇습니다. 남편도 그만두라고 말합니다.', '남편께서도 그렇게 말씀하신단 말이죠.' 이정도 같은 말을 되풀이하고 있으면 나도 점점 상대와 같은 기분이 된다. '이렇다면 나라도 그만두고 싶어지겠지.' 라는 생각이 들기 시작하는 것이다. 공감한다는 것은 이런 것이다. 자신의 이야기를 한참 하던 그녀는 천천히 기색이 변해갔다. 거꾸로 나를 위로하기 시작한 것이다. '지사장님, 저 이제 괜찮습니다. 전에 골절로 입원했을 때 일하지 못했기 때문에 지금 좀 힘들다는 생각이 드는군요. 염려마세요. 괜찮아요. 앞으로 힘을 내서 하면 돼요.' 나는 전혀 설득하지 않았지만 상대는 후련한 얼굴을 하고 방에서 나갔다. 내가 자신의 괴로움을 알아주었다는 것만으로 충분했던 것이다. 그리고 떠들고 있는 사이에 '문제는 자신에게 있다' 라는 생각도 들기 시작했을 것이다.

9. 3시간을 비워두세요

"지사장님, 드릴 얘기가 있습니다."

이럴 때 나는 가능한 한 '내일 2시에 와주시오' 라고 한다. 그리고 마음속으로 정한다. 3시간은 비워두자고. 하지만 내가 갖고 있는 시간은 3분뿐이다. 나머지 2시간 57분은 상대방이 갖고 있다. 첫 3분을 써버리면 나는 말하지 못한다. 상대의 말에 반론할 시간은 전혀 없다. 잠자코 들을 수밖에 없는 것이다. 약속한 당일이 되었다. 나는 각오가 되어있다. 처음부터 듣겠다는 자세로 바라본다. 일방적으로 말하는 상대에게 때때로 '이런 일이군요' 라고 말하는 정도다. 보통의 경우 1시간 전후로 이야기는 끝난다. 상대는 들어줬다, 알아줬다라는 만족감에 돌아간다.

멤버들의 사기를 진작시키는 방법
두 번째, 맡기는 것

1. 헷갈린다면 단언해 버리세요

부하는 상사에 대해서 언제나 불만을 갖고 있다.

'상사는 과연 나를 믿고 있는 것일까.'

그런 부하에게 '자네에게 맡기네' 라는 한마디는 엄청난 효과를 가져다 준다. 말의 불가사의한 효과다.

말에는 분절성이 있다고 말한다. 자를 수 없는 것을 자르는 힘이 있다는 것이다. 자연 속에 산과 삼림이 있다. 어디까지가 산이고 어디까지가 삼림인지 구분하기가 힘들다. 실제로 선을 그을 수도 없는 일이다. '산' 이라는 말은 산을 삼림과 따로 존재시킨다. 젊은 여성의 마음도 마찬가지다. 이 남자가 친구인지, 연인인지 짐작하기가 힘들다. 그러나 일단 '저 사람은 내 연인이야' 라고 선언해 버리면 그 말에 매이게 되어 그 후에는 연인답게 행동하게 된다. 말은 이렇게 그 후의 행동까지 규제해 버리기도 한다.

말의 분절성을 이용해서 부하의 기를 살리는 것이 '맡긴다' 라는 말이다. 상사가 '맡겼다' 라는 말을 하면 상사 자신도 부하를 '믿었다' 라는 기분이 된다. 그 결과 부하도 상사도 의욕적으로 일하게 되는 것이다.

2. 맡길 줄 아는 함장

젊은 사관이 처음으로 군함을 조종하게 됐다. 거친 파도에 군함이 흔들리고 좀처럼 항구에 정박하기가 힘들다. 마치 사고가 날 것 같지만 함장은 입을 꾹 다문 채 사관의 행동을 보고만 있다. 오로지 믿고 기다리는 것이다. 간신히 항구에 정박한 후 함장은 안도한다. 문득 쓴 맛이 나 거울을 보니 아랫입술에 이빨자국이 생겨 피가 새어 나오고 있었다.

3. 고등동물일수록 기다릴 줄 압니다

쥐는 기다리지 못한다. 고양이도 그렇다. 그에 비교하면 개는 20초, 원숭이는 1분, 침팬지는 5분 동안을 기다릴 수 있다고 한다. 고등동물일수록 기다릴 수 있는 시간이 길다.

4. 맡기고, 기다리세요

부하에게 일을 맡겼건만 기대한 만큼 일은 진전되지 않는다. 점차 초조해지고 대신해서 내가 해버릴까 하는 생각조차 든다. 모든 것이 헷갈리기 시작한다. 그럴 때 언제나 생각해내는 말이 있다. 한 어린 형제의 이야기이다. 형은 지체부자유자였다. 엄마는 형의 장래를 걱정했다. 자기가 있는 동안은 괜찮지만 죽은 후에는 누가 아들을 돌봐줄까가 언제나 걱정이었다. 이에 엄마는 매일 동생에게 말했다.

'형은 몸이 아프니까 착하게 대해야 한다.'

하지만 동생은 개구쟁이였다. 엄마의 이런 부탁을 무시라도 하듯 형에게 난폭하게 굴었다. 엄마는 타이르고 혼내고 원망도 했다. 하지만 동생은 전혀 이해하려고 하지 않았다. 그즈음 명절날이 되었다. 친척들이 모두 모이자 형은 들떠 돌아다니며 친척 어린애들의 머리를 두드리며 다녔다. 친척 아이들은 그런 형을 놀리듯 과장해서 아픈 척했다. 그때였다. 동생이 방에서 뛰어 들어왔다. 아이들이 형을 놀리는 것을 본 동생은 몸을 부들부들 떨면서 아이들에게 호통을 쳤다.

"형한테 그렇게 대하지마!"

동생의 눈에는 커다란 눈물방울이 맺혀 뚝뚝 떨어져 내렸다. 순간 엄마는 동생을 꽉 껴안으며 '고맙다, 고맙다, 고맙다' 만을 되풀이했다.

엄마는 동생에게 상냥한 마음은 없다고 생각하고 있었다. 거의 단념하고 있던 차에 동생의 마음에는 엄마의 가르침이 확실히 자라고 있었던 것이다. 리더도 부하가 알아주지 않으면 단념하고 싶어질 때가 있다. 그러나 계속 말하고, 계속 호소하고, 계속 믿어주고, 그리고 기다리면 대개의 경우 부하는 이쪽의 기대에 응해주게 된다. 나는 어린 형제의 이야기에서 그것을 배웠다. 리더가 멤버에게 '맡긴' 이상 '기다리는' 마음이 중요한 것이다.

멤버의 사기를 진작시키는 방법
그 세 번째, 알리는 것

1. 모두에게 상황을 알려주세요

5명이 필사적으로 골대에 볼을 집어넣으려는 농구시합. 그들은 왜 하나가 되어서 필사적으로 볼을 쫓는 것일까. 나는 득점판에 그 비밀이 있다고 생각한다. '몇 대 몇' 이라는 득점 상황이 5명의 눈에 동시에 들어오기 때문이다. 그렇기 때문에 '이제 1점차, 조금 더 힘내자' 라는 생각이 모두에게 동시에 들게 된다. 만약 다른 4명은 득점 상황을 일절 모른 채 주장에게만 득점을 가르쳐 준다면?

'지금 몇 대 몇이지?'

'글쎄, 모르겠어. 주장만 알고 있어.'

'지고 있나?'

'그런 것 같아.'

이래서는 열심히 볼을 쫓을 마음이 생길 리 없다.

2. 이 일을 할 수 있는 것은 지금 당신뿐입니다

인간에게는 측은지심이 있다고 앞서 언급한 적이 있다. 어린아이가 강에 빠질 것 같은 모습을 보고 누구라도 구하러 뛰어드는 모습. 이것이 측은히 여기는 감정이다. 그러나 이런 상냥함이 발휘되기 위해서는 그 나름의 전제가 있다. 즉, 도울 수밖에 없는 상황을 '보게 된 것' 과 주위에는 '자기 한사람 밖에는 없다는 것' 이다. 옛날에 이런 신문기사를 읽은 적이 있다. 한 공무원의 이야기다.

한 공무원이 비번인 어느 날, 그는 5층의 자기 방에서 비스듬히 누워 TV를 보고 있었다. 그러다 문득 창밖으로 시선을 옮겼다. 멀리 떨어진 늪에 어린아이가 빠진 모습이 보였다. 순간 그는 벌떡 일어나 맨발로 계단을 고꾸라지듯이 달려 내려갔다. 그리고 깊이도 확인하지 않은 채 옷을 입은 채로 늪에 뛰어들어 어린아이를 구했다.

이 공무원은 왜 무아지경이 되어 어린아이를 구했을까. 이유는 두 가지다. 첫째는 늪에 빠진 어린아이를 보았다는 것. 둘째는 도울 수 있는 사람이 자기 이외에 아무도 없었다는 것이다.

조직의 멤버도 조직이 지금 해야 할 일을 잘 알고 있다. 그리고 그 일을 할 수 있는 것은 이 세계에 자기뿐이라고 알 때 능력과 의지를 발휘하는 것이 아닐까.

3. 능숙하게 부탁하는 방법

상사가 부하에게 돌연 워드를 쳐 줄 것을 부탁한다. '이것 빨리 쳐줘' 하지만 이래서는 아무리 상사의 부탁이라도 할 마음이 생기지 않는다.

"오후에 임시회의가 있는데 그때에 맞추고 싶어. 부탁해."

이 정도면 아직 괜찮다. 하지만 조금 더 정중하게 이렇게 말해보자.

"오늘 임시회의가 있을 텐데 회사에 있어서 중요한 회의야. 어떻게 해서든지 이 자료를 시간에 맞추고 싶어. 빨리 칠 수 있는 것은 자네 밖에 없어서…… 갑작스레 미안하지만 부탁해요."

이 말을 듣는다면 부하도 '나 밖에 없구나' 하는 마음이 들어 기분 좋게 컴퓨터 앞에 앉아줄 것이다.

4. 일의 전반을 알려주는 것이 의욕을 살립니다

한 디자이너가 단골고객의 양복을 만들게 되었다. 단지 옷단만 담당한 사람도 처음부터 참가하게 했다.

'입을 사람은 이런 부인입니다.'

패션 잡지도 함께 들여다보고 옷감도 함께 사러간다. 이런 식으로 처음부터 동료 대우를 받으면 단지 옷단만 담당한 사람일지라도 심혈을 기울여 바늘을 움직이지 않을 수 없다. 만약 누가 입을지도 모르고, 어떤 모양으로 디자인될 지도 모른다면 단지 옷단만을 줄일지라도 하려는 의욕이 생기지 않을 것이다.

5. KISS

알리는 것에는 KISS가 중요하다고 한다. KISS는 Keep It Short and Simple의 줄임말이다. 바로 알리는 요령은 짧고, 알기 쉽게 하라는 뜻이다.

6. 당신은 무엇을 위해서 일하고 있습니까?

1960년대 초에 처음 만들어진 NASA의 슬로건은 지금까지 슬로건의 걸작으로 알려져 있다.

'우리는 이십년 내에 인류를 달세계에 보낸다.'

이렇게 알기 쉬운 슬로건으로 NASA는 건물의 청소부들에게도 자기들이 무엇을 위해서 청소하고 있는가를 알게 했다. 그들이 걸레를 든 두 손에는 정성이 깃들게 되었다.

7. '알리는' 문장의 요령

'간결하고, 요령있고, 마음이 들어있고, 품격이 있는 문장' 나는 이것이 '알리는' 문장의 요점이라고 생각한다.

8. '프로'는 긴 말을 하지 않습니다

야구장에 야구를 보러 가면 암표상을 발견할 수 있다. 입구를 향한 행렬에 역행해 암표상이 서있다. 그들은 어떻게든 갖고 있는 표를 팔려고 소리 지른다. 그런데 그 말들이 무척이나 재미있다. 프로정신이 물씬 느껴지는 것이다. "표 없는 사람, 좋은 자리 있어요."라고 하지 않는다. 말을 길게 하면 손님을 놓치기 십상이다. 그들은 긴 경험으로 알게 된 극히 짧은 말을 쓰고 있다. "없는 사람!", "없는 사람!"

9. 사랑에 긴 말은 필요 없습니다

남극탐험대의 남편에게 아내가 휴대폰으로 문자를 보냈다. 그것을 본 대원들은 일순 말을 잃었다. 그 휴대폰에는 단지 두 글자만이 찍혀 있었다. '여보'라고.

10. 상대방이 언제 사용할 지를 생각해보세요

무엇을 알리는 것에는 '상냥한 마음'도 중요하다. 어떤 사람이 어떤 상황에서 읽을지를 충분히 염두에 두고 쓰는 '상냥한 마음'이 필요한 것이다.

일례가 약의 사용법이다. 작은 종이 안에 '효능, 용법, 용량, 주의'가 깨알같이 쓰여 있다. 두통약의 경우, 한 중년남성이 밤중에 머리가 아파 약을 찾는다고 하자. 약병을 손에 잡고 가장 먼저 읽는 것은 약의 용량이다. 시력이 나빠진데다가 주위는 어두워 글씨는 좀처럼 보이지 않고 짜증이 난다.

'뭐야, 좀 큰 글자로 쓰지'

원망스런 마음에 제약회사에 충고를 한다면 이런 답이 돌아올 것이 분명하다.

'좁은 지면 안에 필요한 것을 전부 써야 하기 때문에 그렇습니다.'

그러나 정말로 읽는 사람을 생각한다면 '성인 1회 3알' 정도는 큰 글자로 써 줄 수도 있는 일이다. 이런 약을 보면 누구라도 회사의 '상냥한 마음'에 감격할 것이다.

11. 모든 것을 솔직히 보여주면 상대의 마음도 움직입니다

알리는 데는 '성실한 마음'도 중요하다. 성실함이 따르지 않은 알림은 알리는 것이 아니라고까지 생각해 본다.

1900년, 런던의 샤클톤이라는 사람은 남극탐험대의 대원모집 구인광고를 냈다. 이 광고는 근대적 구인광고의 효시라고 일컬어진다.

탐험대원 구함. 극히 힘든 여행. 약간의 보수. 극한 추위와 암흑의 긴 날, 위험, 생환보증무, 성공하는 때에는 명예와 칭찬을 얻음.

그는 대담하게 '생환의 보증이 없다'고 까지 썼다. 샤클톤은 한 사람의 응모자도 없을 수 있다고 생각했다. 하지만 결과는 반대였다. 영국의 모든 남자가 응모한 것은 아닐까하는 생각이 들 정도로 큰 반향이 있었다.

'성실한 알림'에는 용기가 필요하다. 그 용기는 인간에 대한 '상냥한 마음'이 있어야만 생긴다. 상대의 마음을 배반하기도, 상대를 곤란하게 하고 싶지 않아 일의 단점을 알리지 않는다면…… 이 '상냥한 마음'으로 용기를 내어보자.

사기를 진작시키는 방법
그 네 번째, 인정하는 것

〈주위와의 관계〉로 멤버는 생존한다. 주위와의 관계에서 가장 중요한 것이 리더의 존재다. 그런 만큼 리더가 멤버의 솜씨를 칭찬한다면 그대로 멤버에게 강한 자극으로 전달된다. 그 결과 멤버는 더욱 의욕을 불태우게 된다. 상사가 인정하는 일에 명인이 될 때 부하가 자라는 것이다.

1. 반대로 생각하면 혼낼 일도 칭찬할 일이 됩니다

대학 총장을 지내신 K교수로부터 이런 얘기를 들은 적이 있다. 교수님이 젊을 때의 얘기다. 당시 교수님의 아들은 성적이 조금 나빴다. 스포츠에 열중한 때문이었다. 부인은 아들을 꾸짖으라고 말했지만 교수님은 성적표를 보며 거꾸로 칭찬을 했다.

'그렇게 놀면서도 이런 성적을 받다니…… 너는 대단한 애야. 나보다 훌륭하다'

2. 칭찬을 듬뿍 해주세요

요네자와 구니오가 쓴 '인생 손바닥 차이' 에 나오는 이야기다. 추운 겨울, 요네자와 씨가 집에 돌아가니 부인과 초등학교 1학년짜리 아들이 모로 누워 있었다. 어디 아프기라도 하느냐고 묻자 부인은 아무 말 없이 아들의 성적표를 내밀었다. 국어, 산수로부터 시작해 음악, 체육은 말할 것도 없고 생활태도에 이르기까지 전반적으로 뒤떨어져 있었다. 100점 만점에 20점 정도의 수준이었다. 그러나 요네자와 씨는 큰 소리로 웃으며 말했다.

'잘했다, 대단해. 전부 똑같은 점수로 고르게 나올 수 있는 것은 좀처럼 할 수 있는 일이 아니야'

혹자는 반문을 할지도 모르지만 설교조보다 오히려 아들에게 큰 영향을 미친 말이라고 생각한다. 아이에게는 아무리 칭찬해도 도가 지나치지 않는다.

3. 무슨 일이든지 칭찬 먼저

프로야구 경기에서 있었던 이야기이다. 한 신인선수가 1군에서 처음으로 시합에 나갔다. 어찌된 일인지 4회 연속 에러를 범했다. 그는 벤치로 불려나와 축 쳐진 채 힘없이 늘어져 있었다. 그것을 본 코치가 웃으며 말했다.

'어이, 힘내. 뭐가 어찌됐듯 신기록 아냐?'

4. 조금만 관찰하면 다른 면이 보입니다

엄마가 아이에게 해서는 안 되는 말이 있다. 예를 들면 다음과 같은 말이다.

'너는 천성이야. 아버질 닮아서 정말로 굼뜨다니까.'

왜인지 엄마들은 헐뜯기는 잘하지만 칭찬하는 데는 서툴다. 비방하려는 말도 아이를 관찰하려는 마음만 가지면 금방 칭찬으로 바뀔 수 있을 것이다. 예를 들면 '너는 결단력이 없어' 는 '넌 신중한 애구나' 로, '싫증을 잘 낸다' 는 '다재다능하구나' 로 말이다. 이렇게 엄마가 아이의 가능성을 믿는 마음이 있다면 꾸중은 칭찬으로 바뀔 것이다.

- 수다스럽구나 – 표현력이 풍부하구나
- 좋고 싫음이 너무 심하구나 – 선택력이 있구나
- 불량스럽구나 – 진보적이구나
- 난폭하구나 – 맺고 끊음이 확실하구나
- 화를 잘내는구나 – 순간을 중요시하는구나
- 겁쟁이구나 – 주의가 깊구나
- 칠칠치 못하구나 – 사소한 일에 얽매이지 않고 대범하구나

엄마의 말은 무섭다. 아이의 재능을 퍼내기도 하지만 매몰시키기도 한다.

5. 길게, 열심히 상대방을 보아주세요

입으로 붓을 물고 그림을 그려 화집을 낸 P라는 사람이 있다. 그는 대학을 졸업하고 중학교의 체조선생이 되었지만 체육수업 도중 목뼈가 부러졌다. 9년간의 투병생활에도 신경세포는 움직이지 않았다. 그러나 P씨는 좌절하지 않았다. '아름다움에 감동하는 마음만 있으면 그림이라도 그릴 수 있다'라며 붓을 입에 물고 그림을 그리기 시작했다. 당시 자원봉사 활동을 하던 S라는 젊은 여성은 토요일마다 병원에 와서 P씨의 시중을 들어주었다. 그림을 시작하던 초기 P씨는 붓을 입에 물고 필사적으로 선을 그으려고 했으나 잘 되지 않았다. 그것을 보고 S씨가 말했다.

"아무거나 좋으니까 일주일동안 그린 것을 전부 보여주세요."

S씨는 토요일마다 P씨의 그림을 감상하기 시작했다. 그리고 한 줄의 선이지만 그것을 뚫어져라 보면서 감탄한 듯 말했다.

"좋아졌네요. 깨끗하고 훌륭해요 대단하군요."

이 격려로 구필화가 P씨가 탄생한 것이다. 상대방을 인정해주는 데는 아무리 단순해도 길게, 그리고 열심히 보여주는 마음이 중요하다.

6. 칭찬할 때만큼은 비교하는 마음을 버리세요

등교거부증의 고교생이 있었다. 그는 방에 틀어박혀 학교에 가지 않고 가족과도 얼굴을 마주치지 않았다. 대문 밖에도 나가려 하지 않았다. 그리고 카운셀러에게 오랜 시간 상담을 받은 후 겨우 대문밖에 나가게 되었다. 어느 날 그 학생은 카운셀러에게 전화를 했다.

"선생님, 오늘 동네에 있는 책방에 갔었어요."

"그래."

생각지도 않게 목이 메인다. 카운셀러는 의뢰인에게 감정이입을 해서는 안 된다고 알고 있지만 이때는 아무리 해도 눈물을 멈출 수가 없다. 카운셀러는 전화에 대고 소리쳤다.

"대단해, 훌륭해, 해냈구나. 선생님은 너무 기뻐!"

이런 감동적인 얘기도 '상대비교'가 시작되면 그 의미를 잃어버린다.

"뭐라고 하는거야, 넌 고교생이잖아. 우리 옆집 애는 초등학교 일학년

인데도 책방에 가서 책을 산다구!"

7. 하루 동안 일어난 일들을 들어주세요

택시 기사가 하루 동안의 수입만으로 그 날을 평가 당하면 불만이 생긴다. 하루 동안에 택시 기사에게는 여러 가지 일이 일어난다. 취객이 털썩 주저앉으며 행선지를 말한다. 택시기사는 행선지로 달리면서도 취객이 주정을 하는 것은 아닌가 싶어 불안해진다. 겨우 행선지에 도착하여 손님을 깨우면 술이 깬 손님이 엉뚱한 곳이라며 소리친다. 이런 일 뿐만이 아니다. 돈이 집에 있다며 집 앞에서 내린 손님을 30분이 넘게 기다려도 나타나지 않는다. 사기 당했다는 생각에 화가 치밀지만 이미 도망가 버리고 없다. 반대로 거동이 불편한 노인을 도울 일도 있다. 노인을 위해 신중하게 운전하고 함께 집도 찾아 주었다. 덕분에 수입은 적지만 손님에게 기쁨을 주었다는 기분에 충만감까지 느껴진다. 택시기사의 이런 하루 일을 정중히 들어주는 관리자가 있다면 그 택시 회사의 기사들은 모두 즐겁게 일할 것이고 회사의 수입도 긴 안목으로 볼 때 반드시 늘어날 것이다. 회사에서도 마찬가지다. 멤버에게 일어난 '하루의 개인사'를 숫자적성과 이상으로 인정하는 직장이라면 멤버들은 생기 있게 일하게 될 것이고 능률도 올라갈 것이다.

8. 그 자리에서 만족하게 해 주세요

옛날부터 훈장은 가슴에 단다. 등 쪽이 넓으니 그 곳에 장식해도 나쁘지 않을 텐데 말이다. 하지만 훈장을 가슴에 다는 이유는 다른 사람이 가슴의 훈장을 보고 '이 사람은 훌륭한 사람이구나'라는 생각을 하며 감동하는 얼굴을 보며 만족하기 위해서 인지도 모른다. 이에 등에 달린 훈장은 무의미한 것이다.

9. 상대의 의도를 파악하며 인정하세요

A교수의 책에서 읽은 글이다. 노인이 서재에서 안경을 잃어버리고 열심히 찾고 있다. 유치원생 손자가 할아버지와 함께 안경을 찾는다. 손자

가 먼저 안경을 찾고서는 '할아버지, 여기 있어요!' 라고 소리친다. 할아버지가 고맙다고 한다.

'고맙구나, 정말로 도움이 되었다.'

이렇게 솔직하게 기뻐하는 것이 좋을텐데 할아버지는 무심코 '착한 아이구나' 라고 칭찬한다. 칭찬 받은 손자는 기분이 약간 착잡해진다.

'나는 칭찬 받으려고 찾은 것이 아닌데'

자기가 일을 한 의도와는 틀리다면 칭찬을 받는다 하더라도 다음에 이 일을 할 의욕은 줄어들게 된다.

우리는 말이 너무 많은 게 아닌지……

마르셀 마르소의 판토마임을 보러갔다.
2시간 정도의 무대였는데,
당연하게 한마디의 대사도 없었건만
관객들을 완전히 매료시켰다.

무대를 보며 나는 세일즈맨으로서 반성했다.

우리는 말을 너무 많이 한다.

저는 당신 편입니다

'나는 당신 편이다.'
'나는 당신의 적이다.'

인간에 대한 인간의 메시지는
이 두 가지 밖에 없다고 한다.
상대방이 '이 사람은 내 편이구나' 라고
느끼게 하려면 어떻게 해야 할까?

그 최고의 방법은 상대의 얘기를 잘 듣는 것이다.

계단 오르기

긴 계단을 앞에 두고 모두가
'어휴, 저길 어떻게 올라가?' 라며 불평했다.

그 중의 한 사람이
'이렇게 하면 반 밖에 안 된다고' 라며
두 계단씩 올라가기 시작했다.

또 만나고 싶어지는 사람

누가
'당신이 듣고 싶은 최고의 찬사는?'
이라고 물으면
나는
'또 만나고 싶어지는 사람'
이라고 대답한다.

팀장 시절에도,
판매 숫자를 쫓기 전에
'한 번 더 만나고 싶다는 말을 듣는 나'를
먼저 만들자고 마음에 새겼다.

많은 고객들로부터
'한 번 더 만나고 싶어지는 세일즈맨'
이라는 말을 듣는다면,
성공은 틀림없을 것이라고 믿었기 때문이다.

간호사의 마음가짐

'간호사의 마음가짐은
지금까지 경험하지 못했던 일을
감지할 수 있는 감성을 갖는 것이다.'

근대 간호 제도를 확립한 나이팅게일은
이렇게 말했다.

이것은 자신이 병에 걸린 경험이 없다 하더라도
환자의 고통을 함께 느낄 수 있는
마음이 중요하다는 것을 가르쳐 주는 말이다.

세일즈맨의 마음가짐도
나는 제일 먼저
'타인의 고통을 아는'
상냥함을 든다.

정어리의 장례식

어떤 책을 통해 J라는 동요 작가를 알게 되었다. 그녀는 혜성처럼 나타났다가 1930년, 26세의 젊은 나이에 스스로 생명을 끊었는데 너무나 짧고 정열적인 작가 활동 때문에 환상의 시인이라고 일컬어진다. 그녀의 작품 중에 '대어' 라는 시가 있다.

아침노을, 작은 햇살이다.

풍어다

정어리

풍어다

해변가는 축제

분위기지만

바다 속에서는

몇 만 마리

정어리들이 장례식을

올리고 있을까.

이 시를 읽고 문득 이런 생각이 들었다.

모든 사람들이 시인의 감성을 지닌 것은 아니므로 정어리의 장례식까지 걱정할 필요는 없지만 적어도 직장 내에서는 상대의 아픔을 이해하는 인간이 되고 싶다고.

친구란

A교수는 친구의 조건으로 다음 두 가지를 들었다.

첫째, 자신이 곤란한 일을 당했을 때 의지가 되는 사람.
둘째, 자신의 심정을 제대로 이해해 주는 사람.

이런 친구를 여러 명 갖고 있다면
인생이 얼마나 든든할까?

진짜 세일즈맨이란 고객을 위해
이런 친구가 되려는 노력을 멈추지 않는 사람이라고
믿고 있다.

메일을 받고 싶으세요?

'매일 한 통 이상의 메일을 보내면,
당신도 3일에 한 번은 메일을 받아볼 수 있을 것이다.'

이것은 경험에서 우러난 말이다.

장미에 벌레라뇨?

A씨가 파리에 살 때 옆집의 부인이
장미를 한 번 길러보라고 권했다고 한다.
그러자 A씨는 '장미는 보살피기가 어렵잖아요.
벌레도 많고……' 라며 탐탁지 않아 했다.

하지만 부인은
'벌레요? 무슨 벌레? 장미에 벌레라뇨?' 라며
크게 웃었다고 한다.
유럽에서는 공기가 건조하기 때문에
장미에 벌레가 붙지 않는다.

이 이야기는 자신의 경험만으로
사물을 판단하는 것이
얼마나 무서운가를 가르쳐준다.

기울어진 고개

'어떤 기업의 중견 간부가
돌연 고개가 오른쪽으로 기울어져
더 이상 돌릴 수 없게 되었다.
싫어하는 후배의 책상이 왼쪽에 있어서
그를 피하려는 생각이 신체에까지 미친 것 같다.'

이것은 어느 신문의 칼럼에 실린 이야기다.
정말일까라는 의심이 들 정도로 무서운 이야기다.

우리들도 '고개를 옆으로 돌린 채'로
살아가고 있는 것은 아닐까?

좋다, 싫다는 느낌만으로 고객을 택하는 것은 아닐까.
좋다, 싫다 만으로
취급하는 상품을 만들어내는 것은 아닐까.

당신이 가진 그물의 길이는?

'사람은 자기가 갖고 있는
그물의 길이만큼만
우울의 깊이를 잴 수 없다.' 라는 격언이 있다.

우리들 세일즈맨도,
결국 자기가 알고 있는 상품 밖에
세일즈하지 못하고 있을지도 모른다.

오전을 잘 사용하면……

로마 시대의 철학자 세네카는
"인생은 사용 방법을 알면 깊다." 라고 말했다.

우수한 성적의 세일즈맨은
"오전을 잘 사용하면 하루가 길다." 라고 말한다.

두부와 쨈

미국인들이 두부를 접한 것은 비교적 최근이다.
새하얀 두부에 새빨간 쨈을 발라서 먹거나
요구르트처럼 으깨서 샐러드에 섞어 먹기도 한다.

우리 입장에서는
요즘 말로 '엽기적'이라고 밖에 할 수 없다.
그러나 우리가 어떻게 생각하든
두부는 미국에서 꾸준히 판매가 늘고 있다고 한다.

세일즈맨들도
'이 신상품은 비싸서 팔릴 리가 없어'라고
단정지어 버리는 것은
'미국인이 아무 맛도 나지 않는
두부를 먹을 리가 없어'라고
생각하는 것과 마찬가지다.

백 번 만나면 안 될 일이 없다

1940년대 미국의 얘기다.

시골 고향에서는 아무리 해도 두각을 나타내지 못하는 한 청년이 있었다. 그는 답답한 마음에 뉴욕으로 나가 새로운 직업에 도전하기로 했다.

하지만 고향에서 사귀던 여인이 있었다. 2년만 기다리면 꼭 성공해서 데리러 오마하고 단단히 약속을 하고 청년은 고향을 떠났다.

청년은 고향에도 가지 않고 2년간 열심히 일하며 여인에게 매일 편지를 보냈다. 2년 후, 청년은 사업에 성공해 떳떳하게 사랑하는 애인과 결혼하려고 고향으로 돌아갔다. 그러나 청년 앞에는 깜짝 놀랄 일이 기다리고 있었다.

바로 며칠 전, 그녀는 다른 사람과 결혼을 한 것이다.

그녀와 결혼한 사람은 바로……

그녀의 집에 매일 편지를 배달하던 우편 배달부였다.

세일즈맨의 고민 해결

세일즈맨의 고민은
고객과의 만남을 통해 해결해야 한다.

가능성 있었던 고객이 무너졌을 때
그 고민의 해결책은
지체없이 다른 고객을 방문하는 것이다.

그 외의 방법은 없다.

실행하지 않으면 결과는 없다

'하루 종일 강물을 들여다보고 있어도
물고기는 잡히지 않는다.' 라는 격언이 있다.

보험일도 방문 활동을 하지 않으면, 절대로 실적을 올릴 수 없다.

마찬가지로 사지 않으면, 복권도 절대로 당첨될 수 없다.

신출내기 박씨

스스로에게 '신출내기 박씨'라는 별명을 붙이고 다니는 사람이 있었다. 생각하기 전에 행동을 먼저 해버리기 때문에 붙인 별명이라고 한다.

그런데 어느 날 아침, 신출내기 박씨는 TV를 보다가 어느 도시에 혼자 사는 할머니가 온천을 팠다는 뉴스가 눈에 들어왔다.

그 순간 벌떡 일어나 그 도시로 달려갔고 저녁나절에는 그 할머니와 만날 수 있었다.

영업의 세계에서 성공하는 것은 '신출내기 박씨' 같은 사람일 것이다.

아침 회의 끝나고, 차 한 잔 마신 후에 자 어디로 갈까.

그 집은 지금 비어있지, 그 사장은 기분 나쁜 일이 있는 게 틀림없어, 웬일인지 오늘은 일할 기분이 나지 않아······.

아침부터 이런 생각을 하며 꾸물꾸물 행동하는 세일즈맨치고 우수한 성적을 내는 사람을 본 적이 없다.

행동 중에 발견하는 아이디어

'행동 중에 발견한 아이디어는
책상에서 찾아낸 아이디어보다 우수하다' 라는 가르침이 있다.

판매의 세계에서는 특히 수긍이 가는 교훈이다.
고객을 방문해서 만나고 설명하는 중에 좋은 아이디어가 솟아오른다.

아침 10시가 넘도록 사무실에 앉아 있어서는
좋은 아이디어가 생길 리가 없다.

실연 치료법

A씨는 화려한 연애 경력을 갖고 있는 사람이다.
그런 만큼 그의 실연 치료법은 매우 간단하다.

자신이 가진 것 중 제일 예쁜 옷을 입고
명동 거리를 자신만만하게 걸어가는 것이라고 한다.

'행동 후에 마음이 따라온다' 라는 것을 아는 사람의 지혜다.

마지막에 열심히 일하는 것

미국 어떤 보험 회사의 사장은
세일즈의 비결로 다음 네 가지를 꼽았다.

첫째, 폭넓은 지식
둘째, 풍부한 인간성
셋째, 성실한 인품
넷째, 그리고, 마지막에 열심히 일하는 것

어떤 영업에서도
'그리고, 마지막에 열심히 일하는 것' 을 잊는다면,
내일의 번영은 없다.

두 종류의 일

일에는 '명령받은 일' 과 '명령받지 않은 일' ,
두 종류가 있다.

부여된 일로 아무리 수고를 해도 '노력했다' 라고는 하지 않는다.

자진해서 한 일에만 '노력했다' 라는 표현을 쓴다.
자진해서 일하지 못하고
일생을 끝내는 사람을 불행한 사람이라고 한다.

Simple is the Best

미국의 한 판매 회사 사장이 한 얘기다.

"S사의 복사기 설명서는 겨우 한 페이지였다.
이에 라이벌인 K사의 자사 제품 설명서를 15페이지로 늘렸다.
당시 S사의 세일즈맨이었던 K씨는
이 한 페이지의 심플한 설명서를 세일즈의 최대 무기로 삼았다."

희망과 절망

'비가 오면 세탁물이 마르지 않는다.
날씨가 좋으면
우산이 팔리지 않는다' 같은 이야기라도
보는 시각을 다음과 같이 바꿔보면
밝은 얘기가 된다.

'비가 오면 우산이 팔리고,
날씨가 좋으면 세탁물이 잘 마른다.'

절망적으로 보이는 일이라도,
의욕과 지혜로 희망적인 일로 바꿀 수 있다.

이것이 세일즈의 재미있는 면일 것이다.

세일즈맨은 행복한 직업인

골다공증은 뼈에서 칼슘이 빠져나가 뼈에 구멍이 뚫려 부러지기 쉬워지는 병이다. 65세의 노인 중 세 명에 한 명 꼴로 걸려있고, 젊은 여성 다섯 명 중 한 명은 예비 환자라고 말하는 사람도 있다. 골다공증의 원인은 칼슘 부족이라기보다 운동 부족이다. 뼈에 적당한 부담을 주지 않으면 칼슘이 빠져나간다는 이론이다.

그러므로 이 병을 예방하려면 걷는 것이 최고라고 한다.
이처럼 뼈를 사용하지 않으면 퇴화하는 것처럼 뇌세포도 마찬가지다. 뇌를 쓰지 않으면 뼈처럼 구멍이 숭숭 뚫려 노화가 진행된다.

그럼 뇌를 활발하게 하는 제일 좋은 방법은 무엇일까.
'말하기 거북한 사람과 말하는 것'은 아닐까 하고 생각해본다.

'매일 걷고', '매일 다른 사람과 긴장해서 만나는' 일을 계속하고 있는 우리들은 일하며 노화 방지를 하고 있는 '행복한 직업인'이다.

늙기 힘든 직업 베스트 1

어떤 사람에게서 퇴직 후 가장 늙기 쉬운 직업 BEST 3의 얘기를 들었다. 제대로 말하자면 Worst 3라고 말해야 하는 건지도 모르겠다.

1위는 경찰,
2위는 교장 선생님,
3위는 세무서 직원이라고 한다.

이들 직업의 공통점이라면
하나의 단단한 틀 속에서 인생을 보내는 사람들이라는 것이다.
그런 까닭에 정년 이후 그 틀에서 갑자기 내보내지면 당혹감이 남보다 심한지도 모른다.

그에 비교하면 판매의 세계는
매일 변화가 풍부해 늙기 힘든 직업 베스트 1위일지도 모르겠다.

인생에서 최고의 선물

'인생에서 최고의 선물은?' 이라고 묻는다면,
'기회를 주는 일' 이라는 말이 있다.

아무리 유명한 프로야구 투수라도
은퇴하고 나면 마운드에 올라갈 기회는 없어진다.
가히 외로운 일이다.

하지만 다행히 영업의 세계에는
'판매 대회' 라는 무대가 있다.

회사와 모든 동료들이 주목하는 가운데
판매 수완을 경합할 기회를 갖게 되는 것이다.

세일즈맨에게는 행복한 일이다.

공허한 일

옛날이야기 하나를 해보자.

어느 해변에 오염물 배출이 심한 공장이 있었다. 어민들은 공장 폐수 때문에 생선이 팔리지 않으니 보상해 달라며 항의했다. 공장에서는 바다가 깨끗해질 때까지 시장가격으로 생선을 사주기로 했고, 어민들은 이선에서 물러섰다.

이튿날부터 어민들은 잡은 생선을 트럭에 가득 싣고 공장으로 운반했다. 돈을 받은 어민들은 만족했다. 하지만 어민들이 직접 잡은 생선이 눈앞에서 버려지는 광경이 몇 주일간 계속 되자 그들은 점차 생기와 웃음을 잃어가기 시작했다.

어민들은 깨달았다.

아무리 수입이 있다 해도 의미 없는 일을 하고 있는 것이 얼마나 공허한 일인가.

지금까지는 생선을 맛있게 먹어주는 사람들이 있어서 즐거웠는데······.

짧게, 짧게, 더 짧게

케네디 대통령 이래 미국의 대통령은 모두 이름이 짧다.
존슨, 닉슨, 포드, 레이건, 부시, 클린턴, 오바마 등.
공화당 대통령 후보였던 하워드 씨도 본래는 하워드 펜스라는 이름이
었다.

하지만 정치가를 꿈꾸며 젊을 때부터
하워드로 이름을 줄여 부르기 시작했다.
짧은 것이 좋은 시대라는 것을 생각하게 하는 얘기다.

자신의 세일즈 언어는 긴가?
짧은가?
지금 그것을 재검토할 필요가 있는 것은 아닐까?

작은 선물로 큰 기쁨을 주려면

세일즈맨에게 고객을 접대한 일은 허다하다.

하지만 선물을 줄때면 언제나 고민이 된다.

고객의 부인이 선물 상자를 열어보고 '와아' 라고 즐거워할 수 있는 선물이 최고다.

고혈압인 사람에게 염분이 많은 식품을 선물하거나, 노부부만 살고 있는 집에 커다란 케이크 박스를 건네거나 하는 감각으로는 영업을 잘할 리가 없다.

A씨는 아는 사람에게 떡을 선물했다.

그런데 '약소하지만 이렇게 떡을 보내드립니다. 잘 씻으신 후에 얇게 잘라 석쇠에 얹어 구우시고 부풀어 오르지 않도록 젓가락으로 쿡쿡 찔러 주십시오. 아무 것도 찍지 말고 그냥 드시는 것이 가장 맛이 좋습니다.' 라는 편지가 함께 들어 있었다.

떡이 제 구실을 한다는 것을 느끼게 하는 이야기다.

요리의 요령

요리의 요령으로 다음 다섯 가지를 든다.

첫째, 맛있는 것.
둘째, 영양이 풍부할 것.
셋째, 비싸지 않을 것.
넷째, 신속할 것.
다섯째, 시각적으로도 아름다울 것.

상품 설명의 요령은 다음의 다섯 가지다.

첫째, 강요하지 않을 것.
둘째, 듣기를 우선시할 것.
셋째, 정확할 것.
넷째, 알기 쉽게 설명할 것.
다섯째, 품위있게 말할 것.

사람은 말로 죽고 말로 산다

한 지점장이 문제투성이인 작은 지점으로 발령을 받았다.
누가 보아도 좌천됐다고 밖에 할 수 없는 상황이었다.
지점장은 '내 실적이 그 정도로 밖에 평가되지 않았냐' 라며 억울해했다.

빈말이라도 상사가 "그 지점을 살릴 사람은 자네밖에 없네."라고 말해
주길 바랐다.
그날 밤 지점장은 아내를 앞에 두고 푸념을 했다.
평소 말수가 적은 부인은 조용히 웃으며 말했다.

"그 지점이 최악의 상황이라면, 이제 나아질 것만 남은 거 잖아요."

부인의 이 한 마디에 지점장은 다시 살아났다.

나는 할 수 있다

인생의 교훈 중에 이런 것이 있다.
마음의 그릇 속에 '할 수 없어' 라는 물이 고여 있다면,
그 곳에 '나는 할 수 있어' 라는 작은 돌을 꾸준히 던져 넣어라.

머지않아 '할 수 없어' 라는 물은 마음 바깥으로 흘러나오고
당신의 마음속엔 '나는 할 수 있어' 라는 작은 돌로 가득찰 것이다.

세일즈맨의 세계도 똑같다.
20억, 30억의 고액계약은
마음속의
'할 수 있어' 라는 생각으로부터 비롯되는 것이다.

정열을 잃지마라

골프의 제왕 잭 니클라우스는 오랫동안
함께 일한 안젤로라는 캐디를 해고한 일이 있다.
그리고 그 이유를

'안젤로는 정열을 잃었다.
그로부터 흥분되는 약동을
더 이상 끌어낼 수 없게 되었다.' 라고 밝혔다.

우리 세일즈맨들도
'내일에 도전하는'
정열만은 잃어서는 안 된다.

저 사람과 나

우리는 가끔은
'저 사람은 할 수 있는데, 왜 나는 할 수 없지?' 라고
자신에게 꾸준히 묻는 일이 중요하다.

5분과 2시간

베테랑 세일즈맨 H씨가 20억의 계약을 땄다.
계약자는 의사, 의사는 계약을 결정하는데
단 5분도 걸리지 않는다.

그리고 일주일 후.
같은 H씨가 한 젊은 남자에게서 6,000만 원의 계약을 땄다.
하지만 이번에는
설득하는데 2시간이나 걸렸다고 한다.

H씨는 '20억도 고객, 6,000만 원도 고객 아닙니까?' 라며
웃으며 보고했다.

인류의 가장 위대한 발견

인류의 가장 위대한 발견은
'자신의 마음가짐을 바꾸면, 인생을 바꿀 수 있다' 는 것을
깨닫게 된 것이라 한다.

먼저 단점부터 알려 주세요

우수한 세일즈맨인 I씨는
어느 날 새로운 보험 상품의 강습을 받았다.
강습자는 반복해서 이 상품의 매력을 말하고 있었다.
I씨는 손을 들고 질문했다.

"먼저 단점부터 알려 주지 않겠습니까?"

하자 상품 세일

어느 백화점이 '하자 상품 세일'이라는 이벤트를 연 적이 있다.
조금씩 결점이 있는 물품들에 꼬리표를 붙이고 결점에 당당하게 도면
까지 넣어서 판매했다.
직조 불량, 바느질 불량, …… 등.
이 이벤트는 상당한 호평을 받았다고 한다.

보험의 경우도 '하자 상품 세일'을 하면 어떨까.
'이럴 때는 지불하지 않습니다.'
'이럴 때는 손해봅니다.'라는 말로 시작하는 것이다.

고객이 귀가하거나 귀가하기 전에……

'대부분의 세일즈맨은 하지 않지만,
나만 하는 일이 하나 있다.
세일즈는 물건을 팔기 전이 아니라
판매한 후에 시작되는 것이라는 신념을 실행하는 일이다.
나는 고객이 귀가하거나 귀가하기 전에
'구입해 주셔서 감사합니다' 라는 사례 메일을 쓴다.'

이것은 미국 최고의 판매왕 자리를
11년간이나 지킨 올린 자동차 세일즈맨의 말이다.

합장 화가

미인화를 그리는 Y씨는 어릴 때 큰 화상을 입었다.
그래서 열 손가락의 제대로 쓸 수 없게 되었다.
대신 Y씨는 말을 듣지 않는 양손에 화필을 끼워 그림을 그렸다.
결국 '합장 화가' 라고 불리며 당대 최고의 화가가 되었다.

인간이란 '할 수 없다' 거나 '내게는 무리야' 라고
단정지을 수 없는 존재이다.

최초의 세일즈맨이 좋았다면…

'나는 지금까지 33대의 자동차를 샀지만,
유감스럽게도 33인의 다른 세일즈맨에게서 샀다.'

이것은 미국의 유명한
생명보험 세일즈맨이었던 후랑크 베드거의 말이다.

'최초의 한 사람에게서 33대의
자동차를 샀더라면 더 좋았을텐데……' 라는 뜻이다.

최초의 세일즈가 얼마나 중요한지를 알려주는 말이다.

걸으면 어디나 길

식물 열매를 채집하는 사람들은
'걸으면 어디나 길' 이라고 말한다.

세일즈맨에게도
'방문하면 어디든지 고객이다' 라고 말할 수 있다.

K씨 없이는 안 된다

    K씨는 보험 세일즈를 한지 18년이 된다. 항상 '고객 중심'으로 일을 해온 성실한 세일즈맨이다. 그 K씨가 어느 약품 회사로부터 기업 연금 계약을 따게 됐다. 교묘한 말로 세일즈를 해서도 아니고, 강력한 입김이 있어서도 아니었다. 물론 인정에 매달려서도 아니었다.

    사장의 한마디 말로 계약은 결정됐다.

    K씨는 그 회사에 출입하기 시작한 이래, 18년간 비오는 날도 바람 부는 날도 꾸준히 방문 활동을 계속했다. 그 사이 K씨의 팬들이 생겼고, 많은 종업원들이 K씨와 계약을 맺었다. K씨의 성실성과 좋은 애프터서비스는 사장에게도 높은 점수를 받을 수 있었다. 일에 엄격한 사장도 평소 그의 모습에 감동받았다는 것이다.

    기업 연금 계약은 "K씨 없이는 안 된다."라는 사장의 한마디에 결정됐다.

매일 지각하는 그녀

그녀는 매일 지각했다. 조례 시간이 끝나면 뛰어 나갔고 저녁에도 서류 정리가 끝나면 뒤도 돌아보지 않고 퇴근했다. 동료들과 차를 마시는 일도 거의 없었다. 잡담으로 흥을 돋우는 일도 없었다. 그녀는 우수한 세일즈 맨이었다. 성적은 언제나 지사의 베스트 10에 들어갔다.

'성적이 좋으니까 고고하게 군다' 며 흉도 들었다. 아이가 다 커서 육아 는 신경쓰지 않아도 된다, 가사에는 손도 대지 않는다, 집도 가깝다 등 그녀가 우수한 실적을 올리는 데 대해 여러 가지 소문도 있었다. 그런 그녀가 돌연 퇴직을 했다. 근속 8년이었다.

지부장이 전원에게 그 이유를 말했다.
입사 전부터 누운 채 일어나지 못하는 부친이 계시는데 출근 전에 밥을 먹여 드리고 대소변까지 보살펴야만 했다고……. 낮에도 일하는 중에 집에 돌아가서 식사를 해드렸다. 욕창을 예방해야만 했던 그녀의 시아버지 상태가 더 악화되어서 퇴직하게 되었다고 지부장은 담담하게 말했다.

꾸준함이 요령

이것은 J씨의 이야기다.

J씨는 어느 회사를 매일 방문했다. 꾸준히, 그리고 열심히 다녔으나 성과는 오르지 않았다. 그런데도 멈추지 않고 더욱 열심히 다녔다.

그러던 중 건강이 나빠져 두 달 정도 쉬게 되었다. 퇴직을 심각하게 고려하던 바로 그때 자택으로 전화가 걸려왔다.

"모범생, 살아 있나?"

J씨가 열심히 방문하던 회사 사람이었다. J씨는 다시 그 회사를 방문했고 그 회사에서 제1호 계약을 했다. 그 이튿날 방문하니 연속으로 두 사람이 계약을 하겠다고 요청했다. 이틀간 세 건.

"그런데 참 이상합니다. 꾸준히 다닐 때는 한 건도 계약하지 못했는데……"

그 얘기를 듣고 이렇게 대답했다.

"영업에 기적은 절대 없습니다. 꾸준히 방문하는 모습이 숨겨진 J씨의 팬을 만들었던 것이죠."

내가 모르던 나

이것은 U라는 어떤 여성 소장의 얘기이다.

그녀는 입사 전에 겨우 38Kg의 체중으로 약을 거의 달다시피 하며 살았다. 집에서 조금 떨어진 곳도 혼자서는 가지 못할 정도로 몸이 허약했던 것이다.

그러다 그녀는 혼자 일어설 결심을 하고 세일즈 일을 시작했다.

그리고 근속 6년째, 드디어 소장이 되었다.

문득 약과는 인연이 없어져 버린 자신을 깨달았고 제중도 58Kg으로 건강한 몸이 되어 있었다.

우수한 실적을 올리는 소장이 된 U소장은 "인간에게는 자신이 모르는 자신이 있더군요. 집에서 일을 그만 둘까? 하고 농담을 하면, 아이들이 오히려 당황해서 '그만두면 안 돼요. 다시 병에 걸려요'라고 말한답니다."라고 웃으며 말한다.

가장 존경할 수 있는 사람

순박한 베테랑이라고 하면 I씨가 생각난다.

항상 상쾌하게 웃는 I씨는 언제나 지사 전체의 열 손가락에 들 정도로 성적이 우수한 세일즈 레이디였다.

그녀의 딸은 어느 TV 방송국에서 리포터로 활동하고 있었다.

캐리어 우먼인 그 딸이 어떤 사람에게 자기 어머니를 이야기하며 이렇게 소개했다.

'어디에 내놔도 부끄럽지 않은 엄마.

내게 있어 가장 매력적인 사람.

가장 존경할 수 있는 직업인……'

진정으로 엄마를 존경하는 따뜻한 딸의 마음이 드러난 소개였다.

당신은 뛰어난 '무엇'이 있는가?

감나무는 7개의 뛰어난 장점이 있다고 한다.

첫째, 장수한다.
둘째, 무성하고 그늘이 두텁다.
셋째, 새가 집을 짓지 않는다.
넷째, 벌레가 붙지 않는다.
다섯째, 서리 긴 잎을 즐길 수 있다.
여섯째, 좋은 열매가 열린다.
일곱째, 낙엽이 엽차로 만들어진다.

당신은 뛰어난 '무엇'이 있는가?

불안을 극복하는 방법

심리학자들이 불안을 극복하는 방법을 연구했다.
결론은 '불안을 사람들과 서로 나누어 가져라' 였다.

판매의 세계에서는 상호 불안을
서로 나누어 갖기 위해 조직이 존재한다.

바보스러운 질문

직장생활 시절, 하루 한번은
바보스러운 질문을 하자고 말한 일이 있다.

특별히 아는 척 하지 않고, 초보적인 상품의 지식이라도
부끄러워하지 않고 질문을 하게 되니
이상하게도 직장 분위기가 밝아지고
직원들 간의 의사소통도 원활해졌다.
그리고 공부하는 분위기까지 생겨났다.

고개를 굽히시오

집안에만 쳐박혀있는 사람은 고개를 굽힐 줄 모르게 된다.
다른 사람이 고개를 굽혀서
이쪽이 말하는 것을 들어주기만을 바랄 뿐이다.

조직 안에서는 그렇게 제멋대로 구는 것은 결코 용서되지 않는다.
조직에서 일하는 가치는 바로 거기에 있다.

실패를 지우지 말자

'요즘의 수학 교육에서 무엇보다 우려되는 일은,
답이 틀렸다는 것을 알게 되면
풀어온 과정 전부를 지워버리는
학생들이 늘어나고 있다는 사실이다'

수학자 K씨의 지적이다.
인간은 틀릴 수도 있고, 헤맬 수도 있다.
중요한 것은 어디서 헤매고,
어디서 틀렸는가를 깨닫고 극복하는 힘을 키우는 일이다.
틀린 해답과 과정을 전부 지워 버리면
영원히 답을 찾지 못한 채 헤매게 된다.

우리들이 하는 일도 똑같다.
실패해도 실패를 모두 지워 버리지 않고,
그 실패로부터 배워서 앞으로 잘해보자는 태도가 중요하다.

용기를 주는 말

"첫 실패는 경험이다."

GENTLEMAN

영국 공원의 쓰레기통에는 이런 말이 써있다.

GENTLEMAN WILL, OTHERS MUST.

신사라면 쓰레기를 자발적으로 쓰레기통에 버릴 것이고
신사가 아닌 사람은 그렇지 않을 것이라는 의미다.

직장에 있어서
신사와 그렇지 않은 사람과의 차이는 무엇일까.

자기의 의지(WILL)로 자진해서
창조적인 일을 하는 사람을 GENTLEMAN,
반대로 명령을 통해서,
즉 MUST(하지 않으면 안 돼)라는 말을 듣고
겨우 움직이는 사람들을
OTHERS(신사 이외의 사람들)라고 할 수 있을 것이다.

새로 시작하는 게 많은 사람

가수 J씨는 인사동에서 개인전을 열었던 적이 있다.
그녀는 66세부터 그림을 그리기 시작했다.

이에 대해 그녀는
'음악을 알게 되었을 때와 똑같이 새로운 세계가 열렸다.' 며
'그림의 세계에서는 아직 세 살짜리 어린애일 뿐.' 이라고
수줍게 말하였다.

프랑스어를 처음 배우기 시작한 사람에게
'프랑스어 0세' 라는 표현을 쓴다고 앞서 말했다.

조직도,
사람도,
이제 새로 시작한 0세짜리 일들이
많은 사람이 바로 젊게 사는 사람이다.

시대는 흐른다

20년 전의 얘기
어머, 댁의 남편은 이해심이 많으신가봐요.
집안일을 지금처럼 100% 한다면
일하러 나가도 된다고 했단 말이죠?

10년 전의 얘기
당신 남편 정말 멋지네요.
일을 시작하면 가사의 반을 돕겠다니!

요즘 얘기
역시 현대를 사는 남편이시군요.
일하는 것은 대찬성, 가사는 지금처럼 공동 작업.
그 대신 즐겁게 일하는 것이 조건이라니…….

부인이 일을 하면
생기 넘치고 젊어진다는 것을 아는 분이네요.

나비 인간과 두더지 인간

유명한 물리학자 아인슈타인은
인간의 타입을 나비와 두더지로 나누었다고 한다.
나비 인간의 관심은 이곳저곳으로 옮겨 다닌다.
두더지 인간은 한 가지 일에만 집중한다.
우리들의 활동도 이렇게 둘로 나눌 수 있다.

'이 곳 저 곳을 돌아다니는 나비형'이 좋을까,
'한 가지 집중의 두더지형'이 좋을까?
스스로에게 물어 깨달을 일이다.

기쁨도 9배입니다 – 동료의 매력

마라톤 선수 L씨가 역전 마라톤에 출전한 적이 있다.
결승점에 일등으로 골인한 후 인터뷰에서 이렇게 말했다.

"마라톤과 비교해서 오늘 우승은 어떻습니까?"
"네, 9명이 달렸기 때문에 기쁨도 9배입니다!"

정말 명답이다.

내가 싫어하는 얼굴

하나, 관리된 얼굴
지시를 기다리고 있는 얼굴.
말하는 것을 기다리는 얼굴.
말하기까지 결코 움직이지 않는 얼굴.

둘, 자기중심적인 얼굴
신입일 때 남에게서 도움을 받은 일을 잊어버린 얼굴.
조직이 있으므로 자신이 존재한다는 것에
신경쓰지 않는다는 얼굴.

셋, 판매 기반이 없는 얼굴
기반을 만들려고 하지 않는 얼굴.
기반을 중요히 여기지 않는 얼굴.

먼저 방문한 세일즈맨

작년 8월 즈음, 어느 소장이 작은 사무실에 티슈를 돌리기 시작했다.
하지만 그는 보험도 권유하지 않고 티슈에 이름도 넣지 않았다.
먼저 출입하고 있던 세일즈맨의 자리를 뺏고 싶지 않았기 때문이다.
그러면서도 티슈 배포는 계속됐다.
4개월째에 사무소 사람이 처음으로 말을 걸었다.

"저는 H라고 합니다만 당신의 성함은?"
"예, 명함을 드리죠."
"내년에는 꼭 당신에게 가입해야겠다고 생각하고 있었어요……."

해가 저무는 12월 29일의 일이었다.

성공의 비밀은 '고맙습니다.'

I씨는 성적이 좋은 세일즈맨은 아니었고 그다지 조직에도 협력적이지 않았다. 상사에게 있어서는 다루기 힘든 부하이기도 했다.

그런 I씨가 조직의 리더 자리를 맡게 되었다.

그 성격에 무리가 아닐까 하며 주위에서는 염려하는 기색이 역력했다. 그리고 십 수 년 후, 우수 지부장 표창식에서 I씨를 만났다. 그는 35명의 부하를 거느린 당당한 지부장이 되어 있었다.

의아한 마음에 그에게 성공의 비밀을 물었더니 대뜸 "'고맙습니다' 입니다."라고 말했다.

"예?", "남편의 덕택입니다."

그 내막은 이렇다.

I씨가 조직의 리더가 된 직후 남편이 병으로 쓰러졌다. 생명은 건졌지만 지금도 입원 중인데 남편이 간호사, 도우미, 병문안 오는 사람, 같은 병실을 쓰는 사람들에게 부자유스러운 입으로 '고맙습니다'를 되풀이하는 그 모습이 무척이나 감동적이었다고 한다.

자신도 남편에게 배워 부하에게 '고맙습니다'를 되풀이하는 중에 사원이 늘기 시작했다고……. '고맙습니다'가 바로 성공의 비밀이었던 것이다.

나도 신경을 쓰지 않으면……

'음침하고 어두운 얼굴을 한 사람이 있다.
언제나 투덜투덜 불평하는 사람,
주위 사람들의 험담을 하는 사람,
동료의 비밀을 이곳저곳에 퍼뜨리는 사람,
이런 사람이 한 사람이라도 있다면 그 방은 어두워진다.'

이것은 어느 유명한 종교인의 충고다.
신경을 쓰지 않으면
어느 샌가 나도 그렇게 되겠지라는 생각에 조심스러워진다.

그런 '녀석'

낚시하러 갔다.
고기는 한 마리도 잡지 못했다.
그러나 '녀석'과 갔기 때문에 즐거웠다.
이런 말을 들을 수 있는 사람.
바로 그런 '녀석'이 나는 되고 싶다.

좋은 사람들의 모임

A 이사장은 새 제자가 생기면
꼭 '다섯 가지의 마음' 부터 가르친다고 한다.
그 '다섯 가지의 마음' 이란 다음과 같다.

첫째, '네' 라고 하는 솔직한 마음.
둘째, '미안합니다' 라고 반성하는 마음.
셋째, '덕분에……' 라고 하는 겸허한 마음.
넷째, '제가 하겠습니다' 라는 봉사의 마음.
다섯째, '감사합니다' 라는 감사의 마음.

이런 '다섯 가지의 마음' 을 갖고 있는
사람들의 모임이 진정 좋은 사람들의 모임이 아닐까?

라인에 걸린다

로얄 아카데미 회화전은 영국의 권위 있는 전람회의 하나다.
이 전람회에는 일등상, 이등상 또는 특선이라는 상들이 없다.

전시실 중앙에 전시되는 것이 유일한 상인 셈이다.

제일 눈에 띄는 곳에 걸리는 것이 상 그 자체라는 의미다.
그래서 그 곳에 전시되는 것을 '라인에 걸린다' 며 최고의 명예로 쳐준다.

우리들도 훌륭한 성적을 올렸을 때
호화스런 상품을 받는 것이나 온천에 초대를 받는 것보다,
주위로부터 인정받는 것이 기쁜 것은 아닐까?

서로 일하는 모습에 관심을 갖고
아낌없이 칭찬하는 직장을 만들면 어떨까?

장난꾸러기상

어느 상사의 과장과 상담을 나눌 기회가 있었다.
그는 파리 근무 6년째라고 하며 프랑스에서의 추억을 들려주었다.
그가 한 유치원 졸업식에 참가했을 때의 일인데
재미있는 것은 상을 받는 것이 성적이 우수한 아이만이 아니라는 것이
었다.

유머상, 싱글벙글상, 스포츠상, 친절상, 인내상, 청결상 등등 갖가지 상
이 나왔다.
특히 장난꾸러기상을 줄 때는 우레와 같은 박수가 나왔다고 한다.

아이들의 개성을 관찰하고 애정을 갖고 아이들을 대할 때 나올 수 있는
상들일 것이다.

얘기를 들으며
판매의 세계에서도 이런 상을 만들면 어떨까 생각했다.

우리가 사는 보람

'지상에 천국은 만들 수 없다.
끊임없이,
그곳에 가까이 가려는 노력만이 인간의 사는 보람이다.'

어느 신문에서 읽은 말이다.

1초만 칭찬하라.
Y라디오의 야구 방송은 아나운서 덕분에 무척이나 감칠맛이 난다.
누구를 소개하든 그 아나운서는 단순히 '해설자는 A씨……' 라고는 하지 않
는다.

항상 한마디를 앞에 붙인다.
'해설자는……' 여기서 말에 힘을 준다.
'삼천 개 안타의…… A씨입니다' 라고 하는 것이다.
해설자가 B씨일 때는 또 다르다.
'오늘 해설자는 원조 포크볼의 B씨입니다.' 이다.
옆에서 듣고 있는 해설자 본인으로서는 무척이나 듣기 좋은 말이다.
이에 방송의 분위기도 활기차고 순조로운 해설을 하게 되는 것이다.
불과 1초간의 칭찬이다.
하지만 그 여부가 상대의 마음을 움직인다.
이것이 바로 칭찬의 힘이다.

누구없나?

여사원이 의욕을 잃게 되는 한마디가 있다.
오후 5시가 넘어 사장에게서 전화가 걸려온다.
입사 5년째의 여사원이 전화를 받자
사장은 내심 짜증을 내고 있는 것 같다.
긴급한 용무일 것이다.

"사장님이십니까?"

말도 채 끝나기 전에 심한 말이 돌아온다.

"어이, 누구 없나?"

여사원은 전화를 끊고 곰곰이 생각한다.
전화를 받은 나는 도대체 누구란 말인가.

이런 상사라면……

L부장이 과장의 인사고과표를 보고 있었다.
과장은 내심 부끄러웠다.
전혀 내세울 것이 없는 인사고과표였기 때문이었다.
풀죽은 과장을 보고 L부장이 한마디했다.

"그때 상사는 사람 보는 눈이 없었군."

과장은 깜짝 놀랐고
너무나 감격스러워 절로 이런 생각이 들었다.

'이 부장이라면 어디라도 따라가야지'

이것은 D회장이 말하는 과장 시절의 추억이다.
부하 직원의 생애를 결정한 소중한 상사의 말이다.

귀에 거슬리는 말 한마디

어느 교사가 유명인을 가리키며 한 말이다.

"쟤는 내 제자야."

정말……

어느 절의 입구에 이렇게 써 있었다.

화내도 하루.
웃어도 하루.

'정말……'

이란 말이 절로 나왔다.

뒤의 '한마디'

커피를 좋아하는 친구에게서 이런 얘기를 들었다.

대기업의 간부 사원인 그 친구는 즐겨 다니는 커피숍이 몇 개 있는데 그 중에 유난히 자주 가는 단골 가게가 하나 있다.

그 집을 즐겨 찾는 이유는 웨이트레스의 '한마디 말' 때문이란다.

커피를 가져온 후 '기다리셨습니다. 맛있게 드세요' 라고 말하는 것은 여느 가게와 똑같지만 뒤의 한 마디가 틀리다는 것이다.

바로 '천천히' 다.

친구는 정말로 천천히 있어도 되는구나 라는 생각에 또 오고 싶어진다고 한다.

커피숍은 고객의 회전에 신경쓰이는 장사.

어느 가게도 '천천히' 오래 있는 고객은 곤란할 것이다.

그러나 이 가게는 고객의 입장에서 '천천히' 라는 말을 꼭 붙여준다. 그렇다고 해서 다른 가게보다 결코 손님이 많은 것은 아닌데 말이다.

말할수록 듣기 좋은 뒤의 한마디, '천천히' 다.

제가 불편한 것은……

그녀는 두 개의 소나무 지팡이를 써야
걸을 수 있는 지체부자유자였다.
한 사람이 측은한 마음에 그녀에게 물었다.

"매일매일 생활하면서 제일 곤란한 것이라면요?"

그녀의 대답은 의외로 매우 밝고 경쾌했다.

"데이트할 때 손을 잡을 수 없는 일입니다."

좋은 선생님, 나쁜 선생님

좋은 선생님은 아이와 함께 웃는다.
나쁜 선생님은 아이만 웃게 한다.
좋은 영업자는 판매처와 함께 번창한다.
나쁜 영업자는 판매한 곳을 다시 방문하지 않는다.
방문에는 메일이라는 훌륭한 방법도 있는 데도 불구하고.

칭찬하는 사람 한 명에
헐뜯는 사람 두 명

강연하거나 책을 내거나 하면 칭찬해주는 사람이 있다.
그런 사람들에게는 참으로 고맙다는 생각이 든다.

그러나 칭찬하는 사람이 한 사람 있으면,
뒤에서 헐뜯는 사람은 두 사람 있다고 생각하기로 했다.
자만하지 않기 위해서다.

'귀에 들리는 것은 맵다.'

경계해야 할 것은 언제나 옆에 있다.

약자에 대한 배려

어느 잡지에 '영국신사, 이래야 한다' 는 기사가 실렸다.
소개할 만한 가치가 있다 생각하여 아래에 싣는다.

1. 정정당당할 것
2. 정직할 것
3. 약자를 배려할 것
4. 언행일치 할 것
5. 여성에게 친절할 것
6. 용감할 것

최근 현대인에게 결여되어 있는 것은
약자를 향한 배려는 아닐까.

택시기사의 '버려 둘 수 없는 마음'

40년 경력의 한 베테랑 택시기사에게 40년 동안 제일 기억에 남는 일이 무엇이냐고 물어봤다. 그는 추억에 잠긴 듯 잠시 생각하다가 이런 이야기를 하기 시작했다.

"아주 오래된 일이었죠. 그날 밤은 비가 세차게 내렸어요. 늦은 시간이라 피곤하고 졸리기도 했죠. 그런데 낡은 아파트 앞에서 어떤 남자가 필사적으로 손을 들고 있었어요. 우산도 쓰지 않고 말이죠.

내 앞에 먼저 가던 택시는 본체만체 하며 남자를 지나치더군요. 차를 멈추니 20세가 될까말까 한 젊은 청년이었어요. 청년은 숨을 헐떡이며 아내가 진통을 시작했다고, 급하다며 어떻게든 J병원까지 데려다 달라고 하더군요. 할 수 없이 청년을 따라 아파트 계단을 올라가서 부인을 안고 내려와 차에 태웠어요.

그렇게 열심히 달린 일은 없었죠. 양수 냄새까지 났기 때문에 무척 당황했어요. 신호라는 신호는 모두 무시하고 냅다 달렸지요. 병원에 차를 대고 간호사에게 임산부를 인계할 때는 다리까지 후들거리더군요. 하지만 그때 젊은 남편이 기뻐하는 얼굴을 평생 잊을 수가 없어요."

마치 어제 저녁 일어난 일처럼 초로의 택시기사는 흥분해서 말해주었다. 그리고 마지막에 한마디 덧붙였다.

"그 이후 나는 승차 거부를 한 일이 없지요."

택시기사의 '버려 둘 수 없는 마음'이 무척이나 정겹게 느껴져 나는 다시 한 번 그의 얼굴을 쳐다보았다.

프로 택시기사

손님이 택시 안에 큰돈을 놓고 내렸다.
정직한 택시기사는 곧 경찰에 신고했다.
매스컴에서는 미담이라며 크게 보도했다.
그러나 본인은 오히려 부끄럽다며 한마디 했다.

"손님이 내릴 때 잊으신 물건이 없는지
한번이라도 물어보았다면
이런 일은 일어나지 않았을 것입니다."

손님이 물건을 잊고 내리지 않도록 하는 것.
진정한 프로 택시기사가 아닐 수 없다.

사람들과 사이좋게 되는 능력

인간이 갖고 있는 최고의 능력은?
바로
'사람들과 사이좋게 되는 능력' 이 아닐까.

'한 줄'로도 효도를

여름휴가로 한 청년이 해외여행을 떠난다.
젊은 만큼 대담하여 가는 곳곳마다의 계획이 거창하다.
하지만 고향의 부모님들은 걱정이 태산이다.

'어디서 뭘 하고 있는지,
사고 없이 잘 지내고는 있는지……'

해외에서 사고가 보도될 때마다 부모님의 마음엔 걱정뿐이다.
걱정하시는 부모님에게 효도하고 싶다면?

생각보다 간단한 방법이 있다.
가는 곳곳에서 그림엽서를 산 후 한 줄 써서
우체통에 넣는 것이다.
바로 이렇게.

'지금 이곳에 와 있답니다'

나는 싫은 사람과 만난 적이 없다

I NEVER MET A MAN I DID NOT LIKE.

이것은 미국의 유명한 희극 배우의 대사이다.
싫은 사람과 만난 일이 없다.
뒤집어 생각하면
누구도 자신을 싫어하지 않았다고 생각할 수도 있다.
또한 누구도 자신을 싫어하지 않았다는 것은
어떤 사람과도 좋은 인간관계를 만들 수 있는 능력이 있다는 것이다.
누구나 부러워할 만한 능력이다.
물론 나 역시 그렇다.

영업의 요령

내가 보험회사의
지사장을 한 것은 약 14년 정도이다.
그동안 사원들에게 말했던
'영업의 요령'은 다음 한마디다.
"무엇이든 꾸준히."

'사이좋게 되는 요령' 그 첫 번째

물건을 부탁하면 '감사합니다'
일을 부탁하면 '감사합니다'
간단하다.

고맙다는 말을 되풀이하는 것만으로도
사람들과 사이좋게 될 수가 있다.
다른 사람이 내게 베풀어주는
어떤 행동에도 고맙다는 말을 하는 것이다.

'담배 좀 집어 줘',
'차 좀 태워줘',
'커피 좀 부탁해' 란 말 이후
'고마워' 란 말만 붙이면 된다.

이것을 되풀이하면
사춘기의 딸과 아버지도 사이가 좋아질 수 있다.

'사이좋게 되는 요령' 그 두 번째

상대의 이름을 불러주어라.
아무리 간단한 대화에도
상대의 이름을 붙이는 것이다.

예를 들면 시어머니와 며느리 사이에도
'어머니, 오늘 비가 올까요?',
'슈퍼에 가도 될지 모르겠네요, 어머니',
'어머니, 이 양복 너무 화려한가요?'

이름을 불러주는 사람에게
호감을 가지게 되는 것은
오래전에 밝혀진 연구결과이다.

다정하게 어머니라고 불러주는 며느리를 보면
시어머니의 얼굴에는 자연 미소가 떠오르고
그 미소에 며느리도 시어머니가 좋아진다.

이것은 비즈니스 세계에서도 쓰는 요령이다.

당신도 명의名醫

뉴욕에 살고 있는 사람이 걸리는
가장 무서운 병은 무엇일까?

그것은 '고독'인 것 같다.
아마 서울에서도 마찬가지 일지도 모른다.

당신 주위에 있는 많은 사람도
'고독'이라는 병에 걸려 있을지 모르는 일이다.

'고독'을 치료하는 최선의 방법은
얘기를 듣는 일이다.

이 방법으로 당신은 언제든지 명의가 될 수 있다.
단지 '듣는 귀'만 있으면 되기 때문이다.

말하기는 쉽고,
듣는 것은 어렵다

'상대의 말을 듣는 것.
그것이 사람과 사람을 연결하는 통로이다'

작가 J씨의 말이다.
그리고 이것은 반복해서
내 자신에게 하고 있는 말이기도 하다.
반복하고 있다는 것은
그만큼 실행이 어렵다는 것이다.

말하는 것은 쉽지만
듣는 것은
참으로 어려운 작업이다.

듣는다는 것의 5가지 이점

사람의 말을 듣는 일은 참으로 중요하다.
그 '듣는' 일에는 5개의 이점이 있다고 한다.

1. 상대로부터 호감을 얻는다.

2. 상대를 알 수 있게 된다.

3. 정보를 얻으면서 자연히 공부가 된다.

4. 상대가 기뻐하며 그만큼 자기의 마음 또한 즐거워진다.

5. 상대를 분석할 수 있다.

특히 '상대를 분석할 수 있다'는 표현이 재미있다.

단 한 줄의 메일

사내에서 영업 담당자에게
메일의 중요함을 말한 적이 있다.

어느 날 저녁, 단골 거래처의 사장을 방문했다.
자리가 길어져 술자리로 이어졌다.
일차, 이차, 삼차…… 이튿날은 숙취였다.
머리를 감싸면서 메일을 보냈다.
쓴 것은 단 한 줄이었다.

'오늘 아침은 최고의 숙취입니다'

곧 사장에게서 전화가 걸려왔다.

"재미있는 메일 고맙습니다."

회사 바깥에서 친구 사귀기

사격선수인 A씨는 올림픽 금메달리스트로
멕시코, 뮌헨, 몬트리올, 로스앤젤레스 대회에 참가했다.

A씨가 한 말 중
"한 명의 외국인 친구를 만드는 것은
한 개의 메달을 따는 것에 필적할 만큼 멋있는 일이다."라는
말이 있다.

돌이켜 생각해보라.
내게는 회사 바깥의 친구가 몇 명이나 있는 것일까.

마음의 잡초를 뽑아라

셰익스피어의 희곡에 좋아하는 대사가 있다.

'생기 넘치는 움직임이 멈추면,
사람의 마음에도 잡초가 자란다.'

한마디의 차이

미국의 한 잡지에서 읽은 얘기다.
공원에서 한 소년이 꽃을 팔고 있었다.
꽃은 매우 잘 팔리는 듯 손님이 끊이질 않았다.
소년은 손님들에게 한마디씩 하며 꽃을 팔고 있었다.

'뭐라고 하는 것일까'

젊은 남자는 궁금한 마음에 소년의 가까이에 갔다.
마침 초로의 부부가 지나갔다.
꽃 파는 소년은 웃으며 그들에게 말을 건넸다.

"젊은 약혼자에게 꽃 한 송이 어떻습니까?"

백발이 성한 노인은 환하게 웃으며 소년에게서 꽃을 샀다.

베테랑이란……

등반가들 사이에서는
'등반을 하다 도중에 내려온 경험' 이
많은 사람을
등산의 베테랑이라고 한다.
판매의 세계에서도 마찬가지다.
'방문해서 거절당한 경험' 을
많이 갖고 있는 사람이
바로 영업의 베테랑이다.

아침이 좋다

"늦잠을 자는 사람은
남은 하루를 계속 뛰어다녀야만 한다."

벤자민 프랭클린의 말이다.
어느 여대의 학장도 이런 말을 한 적이 있다.

"나는 태양과 인사를 하기 위해 아침 5시에 일어납니다."

시시한 세일즈맨

"인간관계가 좁으면 시시한 인간이 되어 버립니다.
가족끼리 운영하는 백화점 경영자 가운데
다른 세계에 통용되는 사장이란 그리 없어요."

이상은 A사장의 말이다.
이것은 그대로 세일즈맨에게 적용할 수 있는 말이다.

'인간관계가 좁으면 시시한 세일즈맨이 되어 버린다.'

샐러리맨에게도 마찬가지다.

'매일 밤 단골 가게에서
언제나 같은 동료와 술을 마시고 있으면
시시한 인간이 되어 버린다.'

안정도 해가 된다?

백세의 쌍둥이 자매.
언니나 동생이나 이들은 변함없이 건강하다.

어느날 TV에서 동생을 보고 깜짝 놀란 적이 있다.
이불을 올리고 내리는데 그 나이에도 스스로 하고 있었다.
일상적인 일이라고 한다.

그 모습에서 새삼스럽게
안정도 해가 될 수 있구나 하는 생각이 들었다.
신체도, 머리도 역시 쓰지 않으면 안 된다.

극단적인 표현일지도 모르지만
'안정이 제일 위험'인 것이다.

스무 살이 네 명

인기가 많은
백세의 쌍둥이 자매가 나란히 온천에 초대받았다.
그 모습이 TV에서 방영되고 있었다.

온천이 맘에 드느냐는 리포터의 질문에 언니가
"그래, 스무 살이 된 것 같군."이라며 주위를 시끌벅적하게 웃겼다.
그러자 옆에서 동생이 곧 나무랐다.

"그건 너무 과장이잖아. 최소한 예순 살 정도 됐다고 해야지."

이 대화를 보며 생각난 일이 있다.
여든이 넘은 노인에게 한 사람이 "참 젊으시군요."라고 말했다.
노인은 웃으며 유머로 맞받아쳤다.

"네, 스무 살이 네 명 있으니까요."

젊음의 비결은 역시 명랑함일까.

채플린

문장을 어느 정도 간략하게 줄일 수 있는가에 대해
이런 도전을 해 본 적이 있다.
어느 영화 평론가가 찰리 채플린에게 물었다.

"지금까지 많은 영화를 만들었습니다만,
가장 내세울만한 작품이 있다면 무엇입니까?"

채플린은 질문을 받자마자 즉석에서 대답했다.

"그것은 다음에 만들 작품입니다."

이 대화를 가능한 한 간략하게 줄이면 다음처럼 된다.

"당신 최고의 작품은?"

찰리 채플린이 대답했다.

"NEXT ONE."

명의名醫 이야기

　언젠가 아무 생각 없이 왼쪽 콧구멍에 손가락을 넣었다. 연골 쪽에 이물질이 있는 것 같았다. 신경이 쓰였지만 그대로 놔둔 채 한 달 정도가 지났다. 또 손가락을 넣어 보았다. 전번과는 달리 이물질이 확실히 느껴졌다. 큰 병이 아닐까 하는 걱정에 직장과 가까운 병원에 달려갔다. 왼쪽 콧구멍을 본 여의사는 한마디했다.

　"이거요? 괜찮습니다. 다음에 또 이상한 것이 느껴지면 와서 말해주세요."

　안심은 되었지만 내심 납득이 안 됐다. 그 후 잊고 있다가 다시 손가락으로 좌우 코를 관찰해보았다. 역시 느껴지는 이물질. 불안은 이상한 물건이다. 품고 있으면 점점 커지는 것이다. 결심하고 다른 병원으로 갔다. 젊은 남자 의사였다. 역시 왼쪽 콧구멍만 보던 의사는 말없이 연고를 발랐다. 그러고선 차갑게 한마디 덧붙였다.

　"일주일 지나도 낫지 않으면 조직을 떼어 검사해 보겠습니다."

　심장이 덜컥 내려앉았다. 정말로 큰 병인가? 이래선 안 되겠단 생각에 알고 지내왔던 J대학 병원의 이비인후과의 교수를 찾아갔다. 교수는 나의 기나긴 불평을 참을성 있게 들어주었다. 그리고 좌우 뺨의 뼈를 부드럽고 따뜻한 손으로 몇 번이나 치켜올렸다. 그리고 코의 양옆을 양손으로 끼듯이 반복해서 눌렀다. 그리고는 왼쪽과 오른쪽 코를 천천히 살펴보았다. 진찰이 끝나고 선생은 메모지를 들어 코의 그림을 그리고는 나에게 보여주면서 설명해 주었다.

　"보통 사람들은 코의 좌우 구멍이 같다고 생각하지만 실제로는 다르답니다. 당신의 경우, 오른쪽에서 왼쪽으로 연골이 이렇게 눌려서 나와 있습니다. 오른쪽과 왼쪽의 방을 나누고 있는 부분이 여기서 약간 눌린 모양입니다. 큰 병은 아니니 아무 염려할 필요 없습니다."

"코의 구멍은 좌우가 틀린 것이 보통입니다……."
선생의 이 한마디로 나는 유쾌하게 집에 올 수 있었다.

나라도 틀림없이……

의학교수의 부인이 병이 들었다.
수술을 했지만 6개월 시한부 인생을 선고받았다.
교수는 슬퍼하면서도 한 가지 결심을 하고서는
병동 책임자에게 머리를 숙이며 부탁했다.

"처를 내 방 옆 병실로 옮겨주셨으면 합니다.
소등시간도, TV도, 면회시간도 관대히 보아주시길 바랍니다."

부인은 남편의 따뜻한 간호를 받고 숨졌다.
부인의 장례 후 교수는 학부장에게 가서 사표를 제출했다.
학부장은 그것을 돌려주며 상냥하게 말했다.

"나라도 틀림없이 똑같은 일을 했을 거네."

부정은 이제 그만

재미있는 얘기를 들은 일이 있다.
진위여부는 알 수 없지만
부정어의 무서움을 가르쳐주는 이야기다.

S라는 벌이 있다.
이 벌은 몸집은 크지만 날개는 매우 작다.
이에 한 물리학자가 계산했다.
날개가 너무 작아 부력이 부족하다.
날 수 있을 리가 없다. 그러나 날고 있지 않은가.

도대체 어떻게?

그것은 바로 아무도 벌에게 얘기하지 않았기 때문이다.

'넌 몸이 너무 커서 날 수가 없어.' 라고.

잘난 사람은 필요 없다

'잘난 사람은 필요 없다.'
이런 문장을 읽은 적이 있다.

'기업은 꿈과 젊음을 실은 배다.
키를 잡은 사람, 노를 젓는 사람, 모두 평등하다.
각각 자립심을 갖고, 능력대로 즐겁게 일하면,
기업은 저절로 자란다.
직장에 잘난 사람은 필요 없다.'

즐겁게 일하면 이라…… 끌리는 말이다.
잘난 사람 필요 없더라…… 대단히 매력적인 말이다.

가장 쉽게 화해하기

"내가 어리석었어."

다섯 가지 타입

부하에는 다섯 가지의 타입이 있다.

1. 말하기 전에 안다.
2. 말하면 안다.
3. 말해도 모른다.
4. 말하면 반발한다.
5. 처음부터 들으려고 하지 않는다.

(4)와 (5)는 사실 리더의 타입인지도 모르겠다.

젊어서 고민은 금물

'젊을 때에는 고민하지 말고
좋다고 생각하는 일을 빨리 시작하시오.'

옛날 모셨던 상사의 가르침이다.

듣는 태도

사람이 말을 걸어온다.
상대가 아무리 젊은 부하일지라도
흐트러진 자세에서 들으면 안 된다.
항상 몸을 앞으로 내밀고 진지한 자세로 경청해야 한다.
이것도 '에티켓의 방법' 중 하나라고 한다.

상대의 말에 흥미가 없다.
더구나 장황하게 길기까지 하다.
빨리 결론을 말하라고 내심 혀를 차고 싶어진다.
의자 등에 기대어 단정치 못하게 듣고 있는 나의 자세……

한번쯤 반성해 볼만한 일이다.

인생의 짧은 교훈

'백미러에 미래는 비치지 않는다.'

상사에게 바라는 일

지사장 시절. 천여 명의 영업 사원이 있었다.
언젠가 전원에게 설문조사를 한 적이 있다.
'상사에게 바라는 일이 무엇인가' 라는 질문이었다.
가장 많은 답은
바로 '들어주길 바란다' 였다.
'들어주길 바란다' 이지
'들려주길 바란다' 는 결코 아니었다.

멋지게 늙으려면

깊은 연륜과 통찰력을 지닌 노인을 만났다.
그와 헤어진 뒤
'저런 식으로 나이를 먹고 싶군' 하고 무심코 말이 나왔다.
하지만 그런 노인은 하룻밤에 탄생하는 것이 아니다.
젊은 시절부터의 삶의 방법이 중요하다.

명령 〈 다수결 〈 합의

조직에서 일을 하다보면 명령보다 다수결,
다수결보다 합의 쪽이 효율적이라고 생각하게 된다.

상사에게 명령을 받고서야 일하는 조직보다
다수결로 목표를 정하고 일하는 조직이
보다 일을 잘하는 것은 당연하다.

그러나 언제나 다수결에 불복종하는 사람이 있게 마련이다.
이에 그 이상의 토론과 합의가 필요하다.

조직원들끼리 충분히 의견을 교환한 후
전원의 합의를 얻어 목표를 정하고 일하는 것이 중요하다.
바로 이럴 때 조직은 '매력적인 집단'으로 변모하게 되며
소속된 개개인도 자신이 갖고 있는
최고의 능력을 발휘하게 되는 것이다.

우리를 더욱 빛나게 하는
세 가지의 말

음악가인 A씨는 80세의 나이에도 가요 콩쿠르의 심사위원으로 활약하는 등 노익장을 과시했다. 콩쿠르에서의 A씨의 비평은 날카로우면서도 상대방을 배려하는 마음이 배여 있었다.

참가자에게 A씨가 먼저 하는 말은 찬사다.

"듣고 반할 수가 없을 만큼 멋진 목소리였습니다."

그 다음은 따끔한 지적이 이어진다.

"그러나 2절의 시작은 이런 식으로 노래하는 쪽이 낫지 않았을까요?"

마지막으로 참가자에게 따뜻한 격려를 한다.

"가수의 소질이 있군요. 노래 연습 열심히 하세요."

참가자는 A씨의 비평에 모두 자신을 얻어 무대를 내려갔다.

우리를 더욱 빛나게 하는 세 가지의 말,
'찬사,
지적,
격려' 는
직장에서도,
가정에서도 그대로 쓰일 수가 있다.

부하의 머리 위

"부하의 머리 위는 언제나 푸른 하늘……
이런 생각으로 언제나 부하 직원에게 신경을 쓰고 있습니다."

이것은 우리 회사 제일선의 리더, A지부장의 말이다.
상사인 자신이 어두운 구름이 되어
부하의 능력을 발휘하지 못하게 하지 않겠다는 뜻인 듯하다.

'머리 위를 언제나 푸른 하늘로……'
솔직 담백한 멋진 표현이 아닐 수 없다.

아이의 머리 위에서 언제나 푸른 하늘인 엄마.
학생의 머리 위에서 언제나 푸른 하늘인 선생님.
이런 엄마와 선생님을 좋은 엄마,
좋은 선생님이라고 할 수 있는 것이다.

이 모든 것은 아이, 학생, 부하를
믿지 않고서는 할 수 없는 일이다.

네모난 사과

나는 가사를 아내와 분담해서 하며
사이가 더욱 좋아졌다.
나 스스로 가사에 꼼꼼한 편이라고 잘난체 하지만
솔직히 썩 잘하는 편은 아니다.

둥근 사과도 내가 껍질을 벗기다 보면 사각이 된다.
하지만 아내는 결코 트집 잡지 않고
'도와줄까요?' 하며 살포시 웃는다.
또한 내가 감자 껍질을 벗기다 보면
크기가 3분의 1정도로 작아져 버린다.
그러나 아내는 '고마워요, 능숙해졌네' 라며
또 한 번 웃어준다.

아내의 이런 웃음과 격려 덕분에
요즘에는 네모난 사과도 둥글게 되었다.

오늘은 그 팀 성적이 어땠어?

O군은 회사 후배다.
유난히 술을 좋아하는 그는 취한 채
밤늦게 집에 들어가는 것이 한두 번이 아닐 정도다.
그런데도 부인과 사이가 좋은 것이 의아해 요령이 뭐냐고 물어보았다.
O군은 대뜸 '질문하는 겁니다.' 라고 한다.
O군의 부인은 야구광으로 어떤 팀의 팬이라고 한다.
O군은 아무리 늦게 들어가도 부인에게 물어본다.

"오늘은 그 팀 성적이 어땠어?"

이 한마디로 부부의 대화가 10분 정도 지속된다.
이것이 바로 원만한 부부관계의 비결이라고 한다.

자기의 관심사에 함께 관심을 기울여주는 것.
그런 사람은 누구라도 좋아지게 되는 것이다.

천국과 지옥

신상품을 개발한 어느 회사에서 개발 기념 세일 행사를 열었다.
판매지마다 상품 설명회가 열렸을 때
이것을 듣는 세일즈맨들의 태도는 대체로 두 가지였다.

1. '또 팔아야 하는 상품이 나왔구나.'
2. '회사가 나를 위해 만들어준 나의 상품이다.'

실로 엄청난 차이가 아닐 수 없다.
이렇게 발매일 이후의 매일은 천국과 지옥으로 갈린다.

도서관이 없어졌다

어느 날 TV에서 잊혀져 가는 격언을 소개했다.
'한 노인의 죽음은 한 개의 도서관이 타서 없어진 것과 똑같다.'
지혜의 연륜을 존경하는 훌륭한 격언이다.

1미터만 더……

전기공사업을 하는 사장과 명함을 교환했다.
명함의 뒤에는 특이하게도 이런 말이 쓰여 있었다.
'1미터만 더 파라'
궁금한 마음에 인사도 하는 둥 마는 둥 하고 사장에게 물었다.
"특이하군요. 무슨 뜻입니까?"
"영업의 암호랍니다."
"네?"
"미국의 교훈입니다."
사장은 짧은 얘기를 꺼냈다.

서부개척시절, 금광을 파는 사람이 있었다. 그는 긴 세월동안 커다란
산만을 팠다. 하지만 금은 나오지 않았고 매일 밤이 절망일 뿐이었다. 하
지만 그는 멈추지 않았다. 나이가 들고 체력이 다할 때까지 그는 파고 또
팠다. 팔 기운조차 없이 여력이 다하자 그는 결국 금광을 포기하고 초연
히 고향으로 향했다. 귀향길에 만난 한 청년에게 자신이 일생을 바쳤던
산에 관해 얘기해주었다.
청년은 눈을 빛내며 그 얘기를 듣더니 그 산의 권리를 자신에게 양도해
달라고 매달렸다. 그는 쓸데없는 일이라고 생각하면서도 청년의 정성에
권리를 넘겼다. 산에 도착한 청년은 즉시 삽을 들고 파기 시작했고 그렇
게 1미터정도 팠을 때였다. 청년은 놀랄 정도로 반짝이는 금광맥이 발밑
에서 미소 짓는 것을 볼 수 있었다.

신상품이 좋아, 좋아, 좋아

신상품이 나오면 꼭 트집을 잡는 영업자가 있다.
이 신상품이 왜 팔기 어려운가
그 이유를 시시콜콜 들면서 언제나 불평한다.
자기가 파는 물건을 믿지 못하고 어떻게 판매할 수 있을까.

'신상품이 좋아, 좋아, 좋아.'

바로 이 생각으로부터 우리들의 판매는 시작된다.

개는 대답해 주거든요

부모님을 향해 '다녀왔습니다' 라고 하지는 않는다.
하지만 기르고 있는 개에게는 꼭 다녀왔다는 인사를 한다.
이런 젊은 여성이 생각보다 많다고 한다.
회사 여직원에게 어째서 그러느냐고 물어보았다.
대답은 짤막했지만 상당히 의외였다.

"개는 대답해 주거든요."

즐겁게 일하고 싶다면……

개인이 직장에서 마음대로 바꾸기 어려운 것이 있다.

첫째는 일 그 자체요, 둘째는 상사다.
그래서 언제나 즐겁게 일을 하고 싶다면
먼저 바꿔야 할 것은 마음의 각오다.
일례로, 언제나 이러한 각오로 운전하고 있기 때문에
매일이 즐겁다고 말하는 택시기사가 있다.
57세인 이 택시기사는 사실 세 개의 회사를 직접 경영했었던 사장이다.

'운전을 직업이라고 생각하지 않고 있습니다.
단지 드라이브하고 있다고 생각하죠.
나는 서울의 거리를 좋아하고
모르는 곳을 찾아가는 것에 즐거움을 느낍니다.
이런 곳이 있었나 하고 생각하면 세상이 더욱 재밌어져요.'

'마음의 각오를 바꾸면, 인생이 바뀐다' 는 말을
실감나게 해주는 이야기이다.

긍정적인 방향

A씨가 유명세를 타기 전의 얘기다.
그녀가 스트립 극장에 출연하고 있을 무렵
한 댄서가 A씨의 눈을 가만히 응시하며 말했다.

"배우는 옛날부터 눈빛이 관건인데
당신 눈엔 그런 눈빛이 없군요.
배우는 포기하는 것이 낫겠어요."

A씨는 이 말에 거꾸로 더욱 분발하게 되었고
덕택에 지금은 당당히 일류 배우가 되어 있다.

무슨 일이라도 부정적인 쪽보다
긍정적인 방향을 보는 것이 중요하다.

한마디 충고

젊은 여사원이 퇴사하겠다며 왔다.
상사는 아쉽다고 말하며 상대의 눈을 보았다.
여사원은 이 일이 자신의 적성에 맞지 않는 것임을 말하기 시작했다.
상사는 수긍하며 조용히 들었다.
그리곤 한마디 충고했다.

"적성에 맞지 않는 것이 아닙니다.
일에 소극적인 것입니다."

멋진 것은 현재

20대 때부터 언제나 멋진 것은 현재라고 하며,
50대가 된 여성이 있다.
서울에서 '나는 행복해, 지금도, 옛날에도, 지금부터도……' 라는
전시회를 연 A씨가 바로 그 사람이다.
미국의 어느 보험회사 세일즈맨은 언제나
"지금부터 좋은 일이 있을 것입니다."라고 말하고 다녔다.
예상대로, 실적이 매우 좋은 사람이라고 한다.

엄마는 대단해

젊은 여직원에게서 이런 얘기를 들은 적이 있다.
그녀에게는 5살 위의 오빠가 한 명 있다.
그녀가 어릴 때, 딸이 하나뿐이어서
부모님은 그녀를 애지중지하며 키웠다.
초등학교 5학년 때, 그녀는 친구와 멀리 놀러가기로 약속했다.
전차를 타고 가는 여행이었다.
아이들끼리 전차를 탄다면 엄마는 호되게 꾸중을 하실 터였다.
그녀는 고민하면서도 집에 돌아가서 어머니께 놀러가고 싶다고 말했다.
하지만 대답은 의외였다.

"네가 알아서 결정해라."

그녀는 다행이다 싶으면서도 엄마가 너무나 무정하단 생각이 들었다.
하지만 지금 생각하면 대단한 엄마라는 생각이다.
딸이 혼자 설 기회를 자율적으로 주신 엄마였다.
그리고 단 한마디로 '혼자 결정하는' 법을 가르쳐 주었다.
역시 대단한 엄마다.

이상적인 5명

집단으로 무언가 창조적인 일을 하려고 할 때 가장 효과적인 사람의 수는 6±2명이다. 이유는 다음과 같다.

1. 서로 타인처럼 되지 않는 사람 수
2. 외롭지 않은 사람 수
3. 한순간에 서로의 마음을 알 수 있는 사람 수
4. 자신의 존재감이 항상 드러나는 사람 수
5. 목표를 공유하기 쉬운 사람 수
6. 개인의 성과가 그대로 집단의 성과로 연결되기 쉬운 사람 수
7. 목표 달성을 전원이 함께 기뻐할 수 있는 사람 수
8. 인정받고, 인정해 주는 관계가 되기 쉬운 사람 수
9. 서로 격려하기 쉬운 사람 수
10. 다투기 쉽지만 곧 사이를 개선하기 쉬운 사람 수
11. 가끔 자신이 회화의 주인공이 되기 쉬운 사람 수
12. '한 사람이 말하면 다른 전부가 듣는' 습관이 만들어질 수 있는 사람 수
13. 고독한 사람을 만들지 않는 사람 수
14. 흥이 깨지기 어려운 사람 수
15. '악의 없는 관심'을 서로 기울이기 쉬운 사람 수

거꾸로 말하면 10명으로는 '마음을 합해 힘을 모으는' 일을 하는 것이 어렵다는 얘기다. 팀을 만들 때는 8명 이하가 효과적이다. 최적의 팀은 5명이다.

이상적인 팀

'서로 얼굴을 마주하는 것이 즐겁다.'
보험회사 시절, 이런 사람들의 모임이 되자고 동료들에게 말하곤 했다.
이를 위해 다음이 먼저 실행되어야 한다고 말하기도 했다.

1. 자신들이 현상을 분석한다.
2. 자신들이 과제를 발견한다.
3. 해결책을 생각해 낸다.
4. 그 결론에 따라 자신들이 적극적으로 행동을 일으킨다.
5. 힘을 모은다. 마음을 하나로 한다. 도중에 좌절하지 않는다.
6. 과제를 훌륭하게 해결하고 모두 기뻐한다.
7. 주위로부터 칭찬 받는다.
8. 새로운 과제를 발견해 나간다.

새로운 감각의 스터디

입사 1년 전후의 신참 영업사원이
신상품 설명회의 발표를 하고 있다.
발표가 끝난 후 그 사원은 베테랑 두 명을 지명하며 말했다.

"내일 조례에서 오늘 공부한 것을 두 분이 복습해서 보여주십시오."

선배 두 명은 깜짝 놀라면서도 순순히 수긍했다.
이런 것을 새로운 감각의 스터디라고 할 수 있을 듯 싶다.

암묵의 룰

우리 회사에는 암묵의 룰이 있다.
담배를 도로에 함부로 버리는 사람은
영업담당 자리를 물러나는 것이다.
이유는 간단하다.
청소하는 사람의 입장이 되지 못하는 사람이
'상대의 입장에 서는 영업'을 할 수 있을 리가 없기 때문이다.

부모 마음, 어른 마음, 아이 마음

'교제의 심리학'을 읽었다.
거기에는 친한 친구를 만드는 요령이 써 있다.
바로 부모 마음,
어른 마음,
아이 마음을 항상 사용할 줄 아는 것이라고 한다.

부모 마음은 돌보고, 감싸주는
'상냥한 마음'과 질타, 격려, 명령 등을 내리는 '엄격한 마음'이다.
어른 마음은 말해서
좋거나 나쁜 일, 해서 되거나 안 될 일을 '분별하는 마음'이다.
아이 마음은 '천진난만함'과 '순수한 마음'을 말한다.

이 세 가지의 마음을 경우에 따라 구별하여 쓸 줄 아는 사람이 되면
친한 친구를 만들 수 있을 뿐만 아니라
조직도 매력적으로 만들 수 있을 것이다.

동양이나 서양이나

국내선을 탔다.
기내에서 배포되는 '날개의 왕국'이란 잡지를 손에 들었다.
어느 오래된 가게의 얘기가 실려 있다.
기사를 읽던 중 이런 말이 눈에 들어왔다.

'정직하게, 좋은 물건을 팔라. 그러면 사업은 번창한다.'

예전에 방문한 한 외국의 가게에도 이런 글이 써 있었다.

'손님이 기뻐하면 주인도 기쁘다.
이것이 바로 바른 장사다.'

고객을 중심으로 생각하는 것은 동양이나 서양이나 똑같다.

마음을 씻는다

'사람을 만나 마음을 씻는다.'
나는 매일 이런 기분으로 고객을 방문하고 있다.

약점부터 알려라

우리 회사가 현재 하고 있는 것은 리스 업무다. 최근 영업 안내서를 새로 만들기로 했다. 안내인 이상, 고객에게 알려야 될 일을 먼저 알리는 팸플릿을 목표로 했다. 그래서 먼저 언급하기로 한 것이 리스의 약점. 맨 앞 페이지에 큰 글씨로 리스의 결점을 나열했다.

· 리스의 이자는 책임질 수 없습니다.
· 중도해약은 원칙적으로 불가능합니다.
· 리스 기간이 만료되어도 물건은 고객의 것이 되지 않습니다.

안내서 작성을 담당한 것은 7명의 여직원이다. 이유는 '고객 감각'에 가장 가깝게 다가가는 것이 남자보다 여자이기 때문이다. 이 안내서를 보고 영업 담당자는 상당히 당황하는 빛을 보였다.

'손님이 도망가 버리겠군. 누가 리스를 이용하겠어?'

나는 그런 담당자에게 '불리한 것을 제일 먼저 알리는 것이 영업 아닌가, 알려야 될 일을 먼저 알리는 친절함과 용기를 가져보세'라고 되풀이하여 말해준다. 하지만 인식의 변화에는 많은 시간이 걸리는 것이 사실이다. 1년이 걸리든, 2년이 걸리든 이런 인식은 정착되어야 한다.

알리는 마음

전원생활을 하려는 사람들이 많아지고 있다.
지방자치에 전업을 상담하는 사람들이 점차 많아지고 있다.
그런 사람들의 8할은 샐러리맨이다.
상담 책임자는 희망자의 얘기를 들은 후 농업이 얼마나 힘든 것인지 천천히 설명하기 시작한다.

'농사는 힘든 일입니다. 도시에 비해 노동 시간이 훨씬 늘어나죠. 밤 시간을 뺏기는 것은 일반적이고 가족여행 따위는 생각할 수도 없습니다. 그리고 지금부터 농사를 지으신다면 2년간은 수확할 수 없기 때문에 수입이 없는 채로 살아가셔야 합니다……'

이 말을 듣고서 질색하여 전원생활을 포기하는 사람들도 많다.
그런데도 상담원은 있는 그대로 설명한다.
'처음부터 심한 말을 하는 것은 괴롭지만 감추는 것이 더욱 불친절한 것이다.' 라는 생각에서다.

우리들도 고객에게 알리는 마음으로 알리는 용기를 가져야 한다.

인간의 행복

덴마크어로 HYGGE는 다음과 같은 것을 뜻한다.

바로 '마음이 통하는 사람과
기분 좋은 장소에서 말을 하거나,
느긋하게 쉬거나, 식사를 하거나,
마음을 훈훈하게 하는 시간을 갖는 일'이라는 것이다.

인구 500만 명의 나라 덴마크.
인간의 행복이 어디에 있는지,
또 무엇에 있는지를 잘 알고 있는 국민인 것 같다.

그래서 홈런왕

'어제의 홈런왕으로 오늘의 시합은 이길 수 없다.'

미국의 전설적인 야구선수 베이브 루스의 명언이다.
과거를 돌아보지 않고 자만하지 않는다는 뜻이다.
그래서 베이브 루스는 한 시즌 60개의 홈런을 치는 대기록을 세웠다.

신부의 아버지와 신부의 아버지

한 집안의 외아들이 연애를 했다. 상대는 3살 연상의 여인이었다. 두 사람은 결혼을 결심하고 부모를 만났다. 하지만 여자의 아버지는 남자가 어리다는 이유로 완고하게 반대했다.

"그렇게 결혼하고 싶다면 데릴사위가 되게."

두 사람은 곤혹스러웠다. 남자는 결국 자신의 아버지에게 도와달라고 부탁했다. 남자의 아버지는 말이 매우 서투른 사람이었지만 아들을 위해 여자의 아버지를 만나러 갔다. 두 아버지가 마주한 두 시간동안 남자의 아버지는 댁의 따님을 며느리로 달라는 말을 한 번도 하지 않았다.

단지 1년 전, 딸을 시집보낼 때의 그 쓸쓸함을 나직하고 작은 목소리로 어눌하게 말했다. 딸의 아버지는 이 아버지의 말에 감동해 둘의 결혼을 승낙했다.

받은 친절, 베푼 친절

신입사원 Y씨는 입사한 지 얼마 안 되어
회사의 분위기에 제대로 적응하지 못하고 있었다.
점심시간이 되자 모두 점심을 먹기 위해 일어섰지만
Y씨는 쭈뼛쭈뼛했다.
그때 선배인 S씨가 말을 걸어 주었다.

"밥 먹으러 가지."

Y씨는 입사한 후 8년이 지난 지금도 이 한마디를 잊지 못한다고 한다.
S씨는 그 일을 기억하지 못하지만
Y씨는 어느 가게에서 점심을 했는지도 기억하고 있었다.

친절을 베풀어라.
작은 친절이지만 받은 쪽은 똑똑히 기억하고 있다.

10개와 65개

전문가들은 모나리자의 미소를 짓는 방법은
얼굴 근육 가운데 7개를 움직이면 가능하다고 한다.
어느 책에서 세느강변의 낙서에 대한 기사를 보았다.

'화내는 데는 65개의 근육을 사용한다.
웃는 데는 10개로 충분하다. 근육을 너무 혹사하지 말자.'

'고마워요' 한마디가 부르는 인간관계

C씨는 대인관계가 매우 원만한 사람이다.
그는 사람을 싫어한 일이 없다고 단언한다.
요령은 대화의 시작에 있다고 한다.

바로 언제나 '대단히 고마워요' 부터 시작하는 것이다.
그러면 상대도 상냥한 말로 응해 준다.

이에 서로의 마음이 통하기 시작한다고 한다.

편지가 받고 싶다면

어느 책에서 읽은 말이다.

- 사랑받고 싶으면 사랑하면 된다.
- 친구가 필요하면 친구가 되면 된다.
- 그리고 편지가 받고 싶으면 편지를 하면 된다.

기러기 이야기

기러기는 V자형으로 편대를 이루어 하늘을 난다.
한 마리가 피곤하면
다른 기러기들이 피곤한 기러기의 곁에 붙어 난다고 한다.
그런 동료애 때문인지 기러기들은 한 마리가 혼자 나는 것보다
V자로 날 때 비행거리가 7할 이상 늘어난다고 한다.
직장도 마찬가지다.
좋은 동료가 있으면 성적은 올라간다.
그러나 좋지 않은 동료가 있으면 성적은 떨어진다.
이것이 기러기의 세계보다 조금 더 복잡한 부분이다.

두 종류의 친구

친구를 크게 다음과 같이 둘로 나눌 수 있다.
좋은 날씨의 친구.
비바람 치는 거친 날의 친구.
좋은 날씨의 친구는 인생이 순조로울 때의 친구다.
영어에도 "A FINE WEATHER FRIEND"라는 말이 있다.
비바람 치는 거친 날의 친구는 힘들 때의 친구다.
진정한 친구라고도 한다.
물론 어느 날씨의 친구를 많이 갖고 있는 것이 문제는 아니다.
자신이 어떤 날씨의 친구인가가 중요한 것이다.

패스가 좋았습니다

미국 NBA의 슈퍼스타 매직 존슨은
화려한 덩크 슛으로 많은 팬들을 매료시켰다.
은퇴 후, TV에서 선수 생활의 추억을 얘기했다.
그 속에 짧지만 빛나는 말이 있었다.

"패스가 좋았습니다."

송곳과 위턱

한 스승이 건방진 제자를 향해 주의를 주었다.

"세상은 서로 도우며 살아가는 것이다.
한 손만을 사용해 송곳으로 구멍을 뚫을 수 있나."

2, 3일 지나 제자가 항변하러 왔다.

"한 손으로 됐습니다."
스승은 당황하지 않고 되받아쳤다.
"그러면 이번에는 위턱만으로 음식을 씹어 봐라."

미움 받는 사람

만날 때마다
상대로부터 미움 받는 사람이 있다.
바로 자기 말만 떠드는 사람이다.
나도 매일 반성하고 있다.

3세와 63세

우리 옆집에는 3살짜리 남자아이가 산다.
보람이라는 이름을 가진 아이다.
이 아이는 나와 얼굴을 마주칠 때마다
'김현진 할아버지'라고 부른다.
'옆집 할아버지'보다
훨씬 기쁘고 듣기도 좋다.

그 쪽은 3세, 이쪽은 63세.
그러나 보람의 '김현진 씨'는
언제 들어도,
몇 번 들어도 기쁘다.
이름이란 이상한 것이다.

남에게 기억 당하게 하자

B씨가 부장으로 있던 당시의 이야기다.
당시 그는 회사를 출입하던 은행원에게 감탄했다.
인사를 할 때마다 자신의 이름을 되풀이하는 것이었다.

'안녕하십니까, A신탁의 C입니다.'
'식사하셨습니까, A신탁의 C입니다.'
'축하합니다, A신탁의 C입니다.'
'죄송합니다, A신탁의 C입니다.'

출입한 지 1년이 넘어도
그는 변함없이 자신의 이름을 인사 뒤에다 붙였다.
드디어 사원 모두가 그의 이름을 기억하게 됐다.
이름을 기억하고 보니 모두 C씨의 팬이 되어 있었다.
C씨는 '기억했다기보다 기억당했다가 옳겠죠.' 라며 웃었다.

런던에서의 따뜻한 말

젊지만 내가 진심으로 좋아하고 존경하는 친구가 있다.
T씨다.
그가 생보회사에서 런던의 주재원을 하고 있을 때의 일이다.
영어가 자신 없었던 그는
런던에 부임하면서부터 계속 기가 죽어 있었다.
그것을 안 동료 영국인이 말을 걸어 주었다.

"YOUR ENGLISH IS BETTER THAN MY KOREAN.
(당신의 영어가 내 한국어보다 훨씬 나아요)."

T씨는 10년이 된 지금도
그때 그 따뜻한 말을 잊지 못한다고 한다.

샌프란시스코에서의 명랑한 말

샌프란시스코에서 유학 중인
한 여성으로부터 편지를 받았다.

근처에 'DELI' 라는 가게가 있습니다.
'DELICATESSEN' 의 약어입니다.
거기선 과일, 술, 스낵, 신문 등을 팔죠.
거리 이곳저곳에서 흔히 볼 수 있는 가게랍니다.
그 곳의 아저씨는 언제나 제게 명랑하게 말을 걸어 준답니다.

"HI, YOUNG LADY, MAY I HELP YOU?"

이 말을 들으면 필요없는 물건까지
사고 싶을 정도로 기분이 좋아집니다.

말의 상처

'혀가 자아내는 말은 아무리 날이 예리한 칼보다도,
맹독을 바른 화살보다도 강하다.'

고대 격언이다.
말로 받은 상처는 낫지 않는다.

만국 공통

D씨는 뉴욕, 로스앤젤레스, 자카르타 등 세계 각지에서 근무했다.
그는 그 경험에서 우러난 재미있는 일들을 자주 말하곤 한다.

'미움 받는 사람은 미국에서도,
유럽에서도, 아시아에서도 미움을 받는다.
거꾸로 호감을 받는 사람은 어디에 가도 호감을 받는다.'

어머니의 승리

1994년 미스 아메리카 헤더 화이트스톤 씨는 청각 장애인이었다.
아름다운 얼굴, 밝은 미소, 세련된 행동.
모든 사람을 매료시킨 그녀가
청각 장애인이 된 것은 약의 부작용 때문이라고 한다.
하지만 그녀의 어머니는 슬퍼하지도 그녀를 동정하지도 않았다.
그리고 기회 있을 때마다 아이를 향하여 말했다.

"괴로운 일이 있으면
AMERICAN의 끝에 있는 4글자를 생각해라.
'I CAN'을 보면 용기가 용솟음 칠거야."

TV에서 이것을 보고 장애인 직장 복귀 운동을
영국에서 시작했을 때의 슬로건이 생각났다.

중요한 것은 잃어버린 능력이 아니다.
남겨진 능력이다.

황금의 말

자상하게 마음을 쓰는 것은 비즈니스 세계에서 '황금의 말'이다. 인품 자체가 좋지 않으면 '자상하게 마음 쓰는 일'은 할 수 없다. 예를 들면 '전화메모' 정도다.

저녁, 외출에서 돌아온다. 책상에 메모가 있다. 고객으로부터의 전화다. '전화부탁'이라고 써있다. 고객의 전화번호를 찾으려고 하니 메모에 그것이 써있다. 메모한 동료가 만약을 위해 적어준 것이겠지. 새삼스럽게 그 '자상함'에 감사한다.

일상생활에서도 '자상하게 마음 쓰는 일'은 '황금의 말'이 된다. 최근 경험한 일을 소개한다.

결혼식 피로연에 초대를 받았다. 회사 관계는 아니지만 같은 테이블에 앉은 사람들이 신경이 쓰였다. 그때 신랑으로부터 메모가 왔다. 테이블에 앉은 사람들의 간단한 소개다. 서먹하지 않겠다는 생각에 기뻐했고 젊은 신랑의 자상함에도 감탄했다.

이런 간단한 예에서도 알 수 있듯이 '자상하게 마음 쓰는 것'은 언제 어디서나 '황금의 말'이 된다.

다섯 가지의 말

직장을 밝게 하는 다섯 가지의 말이 있다.
모두 다 어렵지 않게 쓸 수 있는 평범한 말이다.

1. 아침, 처음 눈을 마주쳤을 때의 '안녕하세요'
2. 저녁, 돌아갈 때의 '먼저 실례합니다'
3. 영업사원이 회사에 돌아왔을 때의 '다녀왔습니다'와 '다녀오셨습니까'
4. 도움을 받았을 때의 '고맙습니다'
5. 손님을 발견했을 때의 '어서 오십시오'

회사 직원 전원이 이런 말을 쓴다면 직장이 얼마나 명랑해지겠는가.

당신은 회사에 필요 없다

'언제나 누군가에게 찬성하고 있기만 한다면
당신은 이 회사에 필요 없다'

어떤 회사의 슬로건이다.
과연 당연하다고 생각했지만 잠시 후에 생각이 달라졌다.
그렇다면 반대만 하고 있는 사람은?

사장의 당부

'회사 안에서 일어난 일은
전부 자기의 일이라고 생각해 주길 바랍니다.
그러기 위해서는 대여섯 명의 동료와
회사를 만들었다고 생각하십시오.
그리고 자신은 그 대여섯 명 가운데
한 사람이라고 생각하기 바랍니다.'

어쩌면 황당한 요구인지도 모르겠지만
모든 회사의 사장이 공통적으로 바라고 있는 일은 아닐까.

빨간 구두

고전명화 '빨간 구두'에는 감동적인 장면이 있다.
하지만 멍청하게 보고 있으면 못 보고 넘길 수도 있다.

발레단이 파리 공연에 가게 되었다. 그러나 무대가 매우 좁아 발레리나 전원이 참가할 수 없었다. 감독은 고민하다가 파리에 갈 수 없는 발레리나만 모아 정중하게 설명했다.

'너희들은 능력이 없어서 못 가는 것이 아니라 그쪽 사정 때문에 부득이하게 못 가는 것이다.'

이것으로 그녀들은 기분 좋게 납득했다.
이 이야기는 D씨가 편지로 가르쳐 주었다. 그리고 한마디 덧붙였다.

'회사에서도 회합에 전원을 참석시킬 수 없으면 누구를 참석시킬까를 신중히 결정해야 합니다. 준비를 불명확하게 하면 뭔데 그녀석이 나가고, 나는 안 부르는 거야 하는 일이 흔히 있습니다.'

상대를 이해하는 격려

명배우 A씨가 교통사고를 당했다.
목숨은 건졌지만 한쪽 눈을 실명하게 되었다.
연기생활을 지속할 수 있을 지 고민하고 있을 때
주위 사람들은 그를 격려했다.

친구인 B씨는 '한쪽 눈 안 보이는 배우가
한 명 쯤 있어도 괜찮아' 라고 위로했고
딸 역시 '아빠, TV만 무대가 아니에요.
라디오가 있잖아요' 라고 격려했다.

이상적인 직장이란

누구든지 느낀 일을
두려움없이 말할 수 있는 직장.

좋은 말은 쓰고 볼 일

약 2년 쯤 전에 한 택시회사에서 기사들을 상대로 강연을 한 적이 있다. 강연을 하면서 한 이야기의 일부분이다.

해외여행을 매우 좋아하지만 미국만은 싫어하는 여성이 있었다. 하지만 피치 못할 사정으로 결국 미국을 방문하게 되었다. 놀랍게도 귀국할 때는 완전히 미국에 반해 있었다. 한 친구가 그 변심에 놀라 이유를 물었다. 그녀는 대답했다.

'미국에서 쇼핑을 했어. 이런저런 물건을 고르다가 30분이나 지났지. 하지만 여자 점원은 불평하는 기색없이 친절하게 이것저것 설명해 주었어. 하지만 아무리 봐도 맘에 드는 게 없는 거야. 미안하지만 그냥 나올 수밖에. 난 내 등 뒤로 그들이 욕을 할 줄 알았지. 그런데 이렇게 말하는 거야. "HAVE A NICE DAY!" 정말 반할 수밖에 없었어.'

최근 그때 강연을 했던 택시회사의 택시를 타게 되었다. 때마침 기사가 이 얘기를 기억하고 또한 들려주었다.
'강연을 듣고 참 감동받았습니다. 그래서 언젠가 외국인에게 써보리라 생각했죠. 저번 달인가, 아침 일찍 하버드 대학의 교수 부부를 공항까지 맞이하러 간 일이 있었어요. 그들을 호텔까지 데려다 주고 결심하고 말했죠. "HAVE A NICE DAY"라고. 교수는 얼굴을 빛내며 기뻐해 주더군요. 그리고 교수가 서울에 있는 동안 계속 이용해 주었답니다.'
기사는 얘기 끝에 '좋은 말은 써 볼일입니다' 하며 감탄했다.

한마디의 말로

A씨의 영화 해설은 언제나 즐겁다. 그리고 인간적이다.
그래서인지 나를 포함한 많은 팬들을 확보하고 있다.
그 A씨가 한 잡지에서 멋진 말을 소개한 적이 있다.

한마디의 말로 싸우고

한마디의 말로 화해하고

한마디의 말로 인사하고

한마디의 말로 울게 했다

한마디의 말은 각각

한 개의 마음을 갖고 있다

이 문구는 A씨가 한 스님으로부터 배운 것이라고 한다.
영화감독인 B씨도, A씨로부터 이 말을 듣고
마음에 들어 자신의 영화에 사용했다고 한다.

말은 하기 나름

아내와 오스트레일리아 여행을 갔다.
기내에서 앉은 채로 긴 여행을 해야 하기에 아내가 괴로워했다.
아내의 피로도 풀어줄 겸 어깨를 두드려 주었다.
아내는 시원하다기보다 아파하는 것 같았다.

하지만 '힘이 너무 세요' 라고는 말하지 않았다.

단지 '애정이 지나친 거 아니에요?' 라고 했다.

톰은 언제나 톰

S상사의 사장인 D씨는 해외에서 오랫동안 생활했다.
그의 미국 경험담 중 하나다.
미국인은 결코 하는 일이나 지위로
사람을 판단하거나 태도를 바꾸지 않는다.
나는 처음부터 톰이라고 불렸지만,
부장이 되어도 톰, 사장이 되어도 톰이었다.
톰은 언제나 톰이었다.

꾸짖을 때는 30초간

상사가 부하를, 선생이 학생을,
부모가 자녀를 꾸짖는다.
일상에서는 여러 꾸짖음이 있기 마련이다.
그러나 거기에는 공통점이 있다.

바로 꾸짖는 쪽이 꾸짖음을 당하는 쪽보다
항상 말이 많다는 것이다.
꾸짖는 것의 무서움은 여기에 있다.

그래서 나는
'꾸짖을 때는 30초간만'을 맹세하고 있다.

두 번째의 결점을……

G씨로부터 '꾸짖을 때의 지혜'를 배웠다.

부하를 꾸짖을 때는
그 사람의 두 번째나 세 번째 결점을 꾸짖으시오.
첫 번째의 단점은 본인 자신이 가장 잘 알고 있습니다.
이 교훈은 누군가를 꾸짖으려고 하는
순간에 생각해내면 효과적이다.

'이 결점은 이 부하의 몇 번째의 단점일까.'

이렇게 생각하는 동안에 상대를
한 번 더 보는 여유가 가능하기 때문이다.
엄마가 아이를 꾸짖을 때도 마찬가지다.

수다스런 엄마에 과묵한 아이

아동문화 연구가인
D씨가 선생시절에 있었던 추억담이 재미있다.

아이는 엄마를 닮는다.
그래서 학교에 온 엄마를 보면 아이가 누군가를 곧 알았다.
침착하지 못한 아이의 엄마는 침착하지 못하다.
그러나 수다스러운 엄마의 경우는 반대다.
아이는 과묵하다.
아이가 말할 시간이 없어서임에 틀림없다.

직장에서 의견을 말하지 않는 부하가 있다.
수다스러운 상사가 있기 때문이다.

'회사가 잘돼라' 만으로는……

과장이나 부장, 사장이라 해도 그 직함이 인간의 가치를 나타내는 것은 아니다. 직함은 어디까지나 업무 수행을 위한 표식인 것이지, 인품이 뛰어나다거나 아부를 해야 한다거나 하는 것은 절대 아니다. 경력도, 학력도, 직함도 관계없이 문제는 회사를 위해서 어떻게 공헌했는가. 인물 평가의 근본은 이 단 하나로 끝난다.

이상은 혼다 소이찌로 씨의 어록에서 발췌한 것이다.

우리 회사에서는 사장이나 부장이라고 부르지 못하게 한다. 모두 '씨' 만을 붙이게 하는 것이다. 직함은 어디까지나 업무 수행을 위한 표식이라는 개념에 철저하다. 하지만 주제넘게 말하면 한군데 잘못된 곳이 있다.

'문제는 회사를 위해 어떻게 공헌했는가. 인물 평가의 근본은 이 단 하나로 끝났다.' 라는 곳이다. 나라면 '회사를 위해 어떻게……' 보다 '고객을 위해 어떻게 공헌했는가' 라고 했을 것이다. 물론 혼다의 경우 '회사를 위해' 가 그대로 '고객을 위해' 로 연결된다는 자신이 있었기 때문이었겠지만.

어느 쪽이든 지금은 '회사가 잘돼라' 만으로는 부하를 움직이기 힘들다.

노인이 세 분 있습니다

'우리집에는 아버님, 어머님, 할머님 이렇게 노인이 세 분 있습니다. 그래도 좋으면 결혼해 주십시오. 나는 당신을 진정으로 사랑합니다.'

이것은 H씨가 연인에게 보낸 편지로 두 사람은 2년 후에 결혼했다. 나는 이 편지를 읽고 감탄했다.

이유는 정직하기 때문이다.

어느 시대에서나 젊은 여성은 두 사람만의 신혼생활을 꿈꾼다. 그 마음을 거스르기라도 하듯 '노인이 세 분 있습니다. 그래도 좋다면……' 이라고 말을 시작하고 있다.

이 정직함이 상대를 움직이게 한 것은 아닐까.

세일즈란……

아서 헤일리의 '스트롱 메디슨'을 읽었다.
제약회사의 세일즈우먼이 30년 후에
사장의 자리에 오르는 이야기다.
그 속에 세일즈 시절의 인상적인 대사가 있었다.
상대에게는 항상 사실만을 전한다.
설령 그것이 회사에 불리한 사항일지라도……
'세일즈란 사실을 전하는 용기'라고 생각한다.

지도자의 얼굴

위성방송에서 신년 콘서트를 열었다.
비엔나음악협회 홀로부터의 생중계다.
옆에서 아내가
"오케스트라 연주는
지휘자의 얼굴만 보고 있어도 좋아요."라고 말했다.
맞는 이야기다.
마지못해 하는 얼굴을 하면서 지휘를 하고 있는
지휘자를 본 적이 있는가.
바로 자기가 자진해서 지휘대에 올라가 있기 때문일 것이다.

프로의 얼굴

불황이다.
물건이 팔리지 않고 한 치 앞을 내다볼 수 없다.
최악의 상황이다.
이런 때 비즈니스의 세계에서도 프로와 아마추어의 차이가 난다.
그 차이는
바로 프로는 밑을 보지 않는다는 것이다.

프로는 '불황이기 때문에 내가 있다.' 라는 생각을 갖고 있다.

나의 존재로 인해……

"우리 회사는 이미 거래하는 곳이 있어요.
그 회사에 비교해서 당신의 회사가 더 좋은 점이 있습니까?"

방문처 사장에게서 이런 질문을 받고
영업사원은 재빨리 대답했다.

"그것은 제가 있는 것입니다."

무엇을 팔고 있는 것입니까?

D제약의 회장으로부터 배운 얘기다.

침대 세일즈맨이 회장의 자택에 방문을 하러왔다.
만나러 오는 사람은 누구라도 응하는 것을
신조로 삼고 있는 회장은 만나서 느닷없이 질문을 했다.

"무엇을 팔고 있는 것입니까."
"네, 침대입니다."
"그러니까, 무엇을 팔고 있는가 묻고 있는 것이요."

세일즈맨은 잠시 생각하고 대답했다.

"편안한 잠을 팔고 있습니다."

회장은 감탄하여 상대를 격려했다고 한다.
이 세일즈맨은 이 한마디에 눈을 뜨게 되어
좋은 영업성과를 올리게 되었다고 한다.

바람처럼 왔다
바람처럼 사라지는 그녀

젊은 직원에게서 재미있는 애기를 들었다.

바람처럼 왔다 바람처럼 사라지는 세일즈 우먼이 있다.
겨우 십여 명의 사무실이라 오면 전원이 안다.
그녀가 오면 직원들은 인사하고 애기하지만 오고가는 대화는 짧다.

왜 그렇게 바람처럼 왔다 사라질까 하는 생각을 하다가 깨달았다.
그녀는 보험을 팔기 위해서만 오는 것이 아니었다.
바로 환기를 시키러 온 것이다.
사무실에 들어오면 그녀는 창문을 휙하니 연다.
그리고 환기를 시킨 후 휙 돌아간다.
이런 이유로 직원들이 그녀를 좋아하는 것이다.

젊은 직원은
"나도 생보 세일즈 우먼으로
전직하고 싶어질 정도였습니다." 라고 말했다.

장사 요령

보험 세일즈를 하는 Y씨는 근속 이십여 년,
성적은 매년 베스트 20위에 들어가는 우수 세일즈 우먼이다.
언젠가 '판매 요령'을 물으니 이렇게 대답했다.

"요령같은 것은 없습니다.
매일 사람에게 좋은 기분을 선사하려 하고 있을 뿐입니다."

상대를 생각하는 마음이 좋은 인간관계를 만든다.
그것이 좋은 비즈니스로 연결된다.
이것이 바로 장사다.

가장 좋은 혼수

부모는 자식을 시집보낼 때면 혼수 걱정을 하게 된다.
그러나 무엇이 가장 좋은 혼수일까.
프랑스의 한 어머니는 이렇게 말했다.

"그것은 딸이 몸에 익힌 아름다운 언어입니다."

와아, 맛있다

신혼집의 첫 저녁식사. 새색시가 다소 어색한 손놀림으로 요리를 했다. 남편이 먼저 된장국을 한 숟가락 뜬다. 새색시는 긴장한다. 된장국이 남편의 입에 맞을지 어떨지 걱정이다. 그녀는 불안하게 상대의 표정을 살핀다. 이럴 때 남편의 반응은 다음 세 가지다.

칭찬하거나, 트집 잡거나, 가만히 있거나.

한 직원의 경우를 소개한다. I씨는 결혼한 지 일 년이 된 신혼이었다. 점심식사를 함께 하며 이런 이야기를 했다.

"결혼하고 처음으로 한 요리가 무엇입니까?"

"된장국입니다."

결혼식 후 신혼여행을 다녀와서 처음으로 저녁식사를 만들게 되었을 때였다. 반찬을 사러 나갈 시간도 없고 해서 된장국과 구운 생선으로 끼니를 때우게 되었다.

남편이 자신의 음식솜씨에 어떤 반응을 보일까 내심 불안했지만 남편은 된장국을 한 입 먹고서는 너무 맛있다며 환하게 웃어서 너무 기뻤다.

그리고, 그 맛있다는 한마디 덕분에 다음부터는 요리를 건성으로 할 수 없었다고 한다.

97세의 지혜

A씨로부터 편지를 받았다.
편지 속에 좋은 말이 있었다.

'97세의 언니가 매일 입에 올리는 말이 있습니다.
다음의 네 개입니다.

'고마워',
'미안하군',
'덕분에……',
'잘 오셨습니다'
……

이 네 가지 말 덕택에 언니는 주변 사람들로부터
언제나 상냥한 대우를 받고 있습니다.'
직장에서는 한 가지 말로도 충분하다.
상사의 '고마워'로 주위는 활기를 띠게 된다.
가정에서도 남편의 '고마워'로 아내는 충분히 행복해진다.

무심한 한마디

무심한 한마디도 듣는 사람에 따라서는 최고의 선물이 된다.
한 택시 회사 전무의 얘기가 있다.
'어느 TV 드라마에서 기쁜 말을 들었다.
일을 하고 밤늦게 퇴근하는 여성에게
전화로 어머니가 해 주는 말이었다.
"위험하니까 택시타고 오너라."라고.
택시라면 안전하다는 뜻이 아니겠는가' 라고 한다.
업계 사람이 아니면 놓쳐버릴 한마디였을 것이다.

낚시를 좋아하는 사람

"고기가 낚이는 것도 낚시라면,
고기가 낚이지 않는 것도 낚시다."
낚시를 좋아하는 친구로부터 배운 말이다.
"좋은 때도 있고, 나쁜 때도 있다."
이렇게 깨닫고 있다면,
인생은 언제나 즐겁지 않을까.

솔직한 야채 장수

근처에 트럭으로 오는 야채 장수가 있다.
길거리 장사이지만 소탈한 성격으로
근처의 주부들에게 인기가 좋다.
어느 날 아내에게 야채 장수가 사과를 권했다.
'요즘은 맛이 안 좋아서……' 라며 아내는 거절했다.
하지만 야채장수는 굳이 부정을 하지 않는다.
먼저 '그렇지요' 라고 수긍한 후
'약이라고 생각하고 먹어요' 라고 천연덕스럽게 말했다.
이 정직함에 끌려서일까, 아내는 사과를 사왔다.

최선의 열쇠

인생을 전쟁에 비교한다면
거기서 쓰는 최선의 무기는 무엇일까.
나는 '성실함' 이라고 생각하고 싶다.
또 문제를 해결하며 살아가는 것이 인생이라 한다면
그것을 푸는 최선의 열쇠는 무엇일까.
나는 역시 '성실과 솔직' 이라고 생각한다.

명랑함은 미덕

G씨가 96년 6월, 98세의 나이로 타계했다.
항상 힘차게 세상을 살아왔던 G씨의 말들은 우리들에게 용기를 준다.

"나는 행복하다, 지금도, 옛날도, 이제부터도."
"명랑함은 미덕. 음울함은 죄악."
"행복은 행복을 부른다."
"나, 왠지 죽지 않을 것 같은 기분이 듭니다."
"언제나 좋은 쪽으로 믿어 버린다." 등.

그리고 장수의 비결을 묻는 질문에 이렇게 대답했다.

"순간순간을 몰두해서 살아온 것뿐입니다.
새처럼, 벌레처럼, 꾸밈없이."

G씨는 단순히 '삶의 명인'이었던 것이 아니다.
'명랑한 삶의 명인'이었던 것이다.

좌절했을 때의 친구

언젠가 큰 시합에 진 V감독이 우리에게 이 말을 들려주었다.

"모두 잊어라.
다음 목표를 향해, 내일부터 스타트하면 된다.
실패했을 때 오는 친구야말로 진정한 친구다.
이겼을 때는 많은 친구가 온다.
그러나 진 후의 친구야말로 진정한 친구다."

이 말을 평생 기억한다고 추억하고 있다.
회사생활에서도 좌절할 때가 있다.
그럴 때 배려하는 말로 부하의 사기를 살리는 상사가 있다.

"나도 당신과 완전히 똑같은 실패를 했다.
그러나 생각해보면
사기가 떨어졌을 때가 가장 성장하고 있는 시기야."

좌절했을 때 가깝게 느끼는 상사가 진정한 상사가 아닐까.

이 기쁨, 알지 모르겠네

　얼마 전, 보험회사의 여성 리더 두 명과 점심식사를 할 기회가 있었다. M씨는 내년이 정년, H씨는 후년이다. 이들과 만난지도 30년이 된다. 그런 만큼 허심탄회한 이야기를 잘 나누곤 한다. 그 중에 둘의 대화가 특별히 기억에 남는다. 평범하지만 생각할만한 대화였다.
　M씨가 중얼거리듯이 말했다.

　"꼭 30년 지나갔죠. 올 4월부터 고객이 매월 한 명은 만기에요. 내가 개인적으로 세일즈할 때의 고객이지만……."

　H씨도 고개를 끄덕이며 혼잣말처럼 대답했다.

　"계약자 본인과 나에게도 만기의 고지서가 오겠죠. 정말 고마운 일이에요. 아, 저 손님도 착실하게 계속해주셨구나 하는 생각에 말이죠."

　M씨가 한마디 덧붙였다.

　"이런 기쁨, 젊은 세일즈맨들이 알지 모르겠네."

선생님의 한마디

초등학교 선생님은 말 한마디 한마디를 조심해야 한다. 이것은 최근 들은 이야기다.

졸업식을 앞두고 졸업식 노래를 며칠이나 연습했다. 드디어 내일은 졸업식날. 총연습도 끝났다. 그때 선생님이 한 학생에게 말했다.

'너는 내일 아무 소리 내지 말고 입 모양만 내면 돼.'

이 얘기를 회사의 동료에게 소개했더니 그 역시 초등학교 시절에 선생님으로부터 들은 말을 얘기해 주었다.

'내일 연주회때 너는 피리를 입에 물고 있기만 하면 돼. 아무 소리도 내지마.'

말한 선생님은 그 말을 잊었겠지만 들은 학생은 평생 기억하고 있다. 물론 들은 학생이 피해만을 입는 것은 아니다.

선생님의 한마디로 인생을 개척한 사람도 많다.

대답하는 용기

교실에서 선생님이 학생에게 질문을 한다.

"아는 사람은?"

네, 네 하며 많은 어린이들이 손을 든다.
A군도 손을 들고 있다.
언제나 성적이 나쁜 아이이기에 희한한 일이다.
걱정하면서도 선생님은 A군을 지적했다.
역시나 답은 틀렸다. 하지만 선생님은 꾸짖지 않았다.

"답이 맞고 틀린 건 중요하지 않다.
대답하는 용기가 대단한 거야."

선생님은 이렇게 말하며 A군을 칭찬했다.
어느 초등학교의 교장선생님으로부터 배운 이야기이다.

이것이 바로 '선생님이 학생을 칭찬하는 요령' 이다.

전학생

기업 내에서도 왕따가 있다.
이 말에 문득 A씨의 시가 떠올랐다.

전학생 다른 데서 온 아이는 귀여운 아이,
어떡하면 친구가 될까.
쉬는 시간에 벚나무에 기대어 있는 그 아이
다른 데서 온 아이는 다른 말, 어떤 말로 말할까.
돌아가는 길에 문득 보니까, 그 아이는 친구가 생겨 있었다.

'어떡하면 친구로……',
'어떤 말로……'가 인상깊다.

상대를 살펴보고 사귀는 것이 아니라
이쪽에서 먼저 가까워지려고 한다.
이런 마음이 있으면 학교나 기업의 왕따는 없을 것이다.

곤란한 친구

악의는 없지만 왠지 대하기가 곤란한 친구가 있다.
가능하면 피하고 싶은 사람이다.
예를 들어 심장이 이상한 것 같아 병원을 방문했다고 하자.
걱정되어 병원에 가지만 의사는 아무 이상이 없다고 한다.
기쁜 마음에 사무실로 돌아와 동료에게 그 사실을 말해준다.
그러면 뽐내는 얼굴로 찬물을 끼얹는 동료가 있다.

"심장은 적어도 24시간은 검사받지 않으면 몰라."

고마운 충고라고는 생각하지만
이쪽 기분을 생각해준다면 잘 됐다는
한마디 정도는 건넬 수 있는 일이다.
직장에도 이런 상사가 있다.
부하가 최고의 계약고를 올려 보고를 하는데
느닷없이 이런 말을 하는 상사다.

"고객들이 제때 입금을 하고 있겠지."

신혼 이래의 웃는 얼굴

경영자를 위한 강연에서 이런 얘기를 한 적이 있다.

''가까운 가족'을 자기편으로 할 수 없다면, '가까운 타인(부하)'을 움직일 수는 없습니다. 가족을 내 편으로 만드는 최선의 방법은 '고마워'라는 말입니다. 여러분은 하루 몇 번 아내에게 '고마워'라고 말하고 계십니까?

강연 후에 여러 사람에게 편지를 받았다.

매일 아침 아내의 운전으로 역까지 갑니다. 강연회의 이튿날, 내릴 때 처음으로 '고마워'라고 말했습니다. 아내는 순간 놀라는 얼굴을 했지만 곧 신혼 이후 가장 행복하게 웃는 얼굴을 보여 주었습니다.

저녁식사 때 아내에게 밥을 더 달라고 했습니다. 가득 찬 밥그릇을 받으며 불쑥 '고마워'라고 했습니다. 아내는 깜짝 놀랐지만 어쩐지 매우 기뻐하는 것 같았습니다.

강연에서 돌아가 집사람에게 '고마워'라고 하니까 '무슨 일 있었어?'라며 놀라는 표정을 했습니다. 제가 먼저 노력하는 것이 문제겠지요.

이런 편지는 정말로 기쁘다. 내가 말한대로 실행해 주었다는 것이니까 강연자로서 더없는 기쁨이다.

한 친구로부터 '좋은 강연의 다섯 가지 조건'을 들었다.

첫째, 듣는 사람이 즐거울까.
둘째, 듣는 사람에게 신선한 정보일까.
셋째, 듣는 사람이 납득할까.
넷째, 듣는 사람이 감동할까.
다섯째, 듣는 사람이 행동을 일으킬까.

말이 없는 생활

시골로 여행을 하면서 아내와 이틀간 민박을 했다.
저녁식사 때 그곳 대학의 교수 부부와 합석하게 됐다.
도시 출신의 교수지만
시골에서 조용하게 살고 있는 사람이었다.
부인과 둘이 생활하는 그 교수는
밤의 조용함이 무엇보다도 좋다고 했다.
언젠가 부인이 요통으로 입원했을 때
교수가 잠시 혼자 생활한 적이 있었다.

그 사이 교수는 저녁을 먹으러
우리가 묵은 민박집에 종종 들렀다고 한다.
민박집 주인이 '선생님은 식사 준비가 귀찮아서
저희 집에 오신 것은 아닙니다.' 라고 웃으며
그 이유를 가르쳐 주었다.

'말할 사람이 없어서죠.'

신이 기뻐한다면……

생보 시절 유난히 유능한 직원을 길러내는 여성 리더가 있었다.
언젠가 부하에게서 그 비밀을 들었다. 매우 인상적인 대답이었다.

"그녀는 평사원이었을 때 월평균 20, 30건의 계약을 올린 사람입니다.
영업의 천재라고도 할 만한 그 사람이 작은 계약을 겨우 한건 올리고
온 나를 보고 너무나 기뻐해 주는 것입니다.
그녀가 그렇게 기뻐하는 모습을 보면 마치 큰 계약을 따낸 것 같은 기
분이 됩니다."

A감독에게도 이런 비슷한 모습이 있었다.
A감독은 미국 메이저리그 감독을 거친 대단한 사람이었다.
선수에게 있어서 신 같은 존재였다.
그 감독은 선수들이 좋은 플레이를 할 때마다 만면에 웃음을 띠우며 크
게 기뻐했다.
그 웃는 얼굴에 선수들은 대단한 일을 해낸 것 같은 기분이 드는 것은
아닐까. 안타깝게도 감독은 1년 만에 해임 당했다.

구단 관계자는 신의 웃는 얼굴을 잃은 것이다.

생일, 축하해

어느 생보 회사의 지사에서 강연을 했다. 강연장에서 지사장이 맞이해 주었다. 그와 함께 엘리베이터에 타는데 중년의 여성 영업사원이 급히 뛰어 들어왔다. 지사장은 재빨리 말을 걸었다.

"A씨, 생일 축하해요."

상대는 깜짝 놀라며 밝게 웃었다. 지사의 영업 직원은 600명에 가깝다. 그 가운데 생일을 기억하다니 정말 대단했다. 나는 감탄해서 대기실에서 물었다.
"어떻게 기억을 하십니까?"
지사장의 대답은 간단했다.

"생일에는 전원에게 엽서를 보내고 있기 때문입니다."

금년 들어서 다른 생보 회사의 두 개의 지사에서도 강연을 했다. 그때도 우연이지만 양 지사장 모두 부하의 생일에 엽서를 보내고 있다고 들었다. 그 중 한 사람은 '내용도 한 장 한 장 다릅니다. 엽서를 동료와 나누어 보기도 하기 때문입니다. 덕분에 손가락 근육은 이렇지만요.' 라며 손가락을 보여 주었다. 힘든 상황 속에서 세 지사 모두 발군의 성적을 올리고 있다.
전원의 생일에 축하장을 보낸다는 것. 언뜻 보면 평범한 일인지도 모른다. 하지만 평범한 일도 계속하면, 사람은 움직이게 되어있다.

손가락이 움직였다!

　교실에서 선생님이 아이들에게 질문을 한다. 아이들의 반응은 각각이다. '네, 네,'라고 즉시 반응을 하는 아이, 한 템포 늦는 아이, 손부터 먼저 들고, 나중에 생각하는 아이 등. 그 중에는 답은 알지만 가만히 있는 아이도 있다. 그런 아이는 새끼손가락을 아주 조금 움직인다. 선생은 그것을 재빨리 발견하고 그 아이를 지목한다. 아이는 기쁜 듯이 일어나 대답한다.

　이상은 아는 교감선생님으로부터 들은 이야기다. 어느 베테랑 선생님의 수업 풍경이었다는 것이다.

　이 말을 듣고, 사내의 회의도 비슷하다는 느낌이 들었다. 좋은 회의는 끝날 때 모두가 다시 모이고 싶다는 얼굴을 하고 있다. 그 비밀은 리더가 능숙하게 발언을 재촉하는 것이다.

　"이것은 고참사원이 말할 차례요, A씨는 어떻게 생각합니까?"

　"젊은 사람은 어떻게 생각하죠? 젊은 측 대표. B씨 자아ー, 어서."

　"곤란할 때는 C씨에게 부탁해야죠. C씨 자아ー, 어서."

　"여성의 감각도 중요하죠. D씨 사양하지 말고 말해보세요."

　"E씨가 좋은 생각이 있을 때 볼펜을 만지작거리죠? E씨의 얘기를 들어봅시다."

　아무거나 좋다. 그 사람의 특징을 파악하고는 발언을 재촉한다. 결과적으로 모든 사람이 회의의 주역이 되고, 만족한다.

　직장의 리더도 새끼손가락을 움직이는 사람을 놓치지 않는 감성이 중요한 것이다.

잊을 수 없는 크리스마스

박현웅 씨는 직함이 아닌 '박현웅 씨'로 항상 불렸던 사람이었다.

"아직 안 돌아가? 여직원들은 벌써 모두 돌아갔는데."

박현웅 씨의 목소리였다.

"그냥요. 약속도 없고……."

내가 중얼대듯 말하니까 박현웅 씨가 크리스마스 트리나 보러가자고 한다.

"부인이 기다리고 있지 않겠어요? 크리스마스인데……."

"괜찮아."

우리는 시내에 서 있는 그림같은 크리스마스 트리를 보기 위해 영하의 추운 날씨에 30분 동안 걸었다. 나는 이곳에서 심란한 마음을 떨쳐낼 수 있었다. 다음해 4월, 박현웅 씨는 전근했다. 그때의 쓴 엽서에, '올해도 크리스마스 트리를 보러 가자구요'라고 썼다. 하지만 박현웅 씨는 건강이 나빠져 크리스마스까지 병원에 입원해야만 했다. 그리고 이듬해 봄이 오기 전에 세상을 떠나 버리고 말았다.

이 글은 회사의 사보에서 읽은 것이다. 쓴 사람은 평범한 사무직원. 생각해보니 박현웅 씨와 만난 일이 있었던 것 같다. 수수하지만 성실했고 맡은 바 책임을 다하는 사람이었다.

우리들은 비즈니스의 세계에 살고 있다. 당연한 일이지만 조직에의 공헌도는 업적 중심으로 잴 수밖에 없다. 하지만 박현웅 씨가 아무 생각 없이 젊은 부하의 침울한 기분을 바꿔준 것처럼 표면에 나타나지 않아도 조직을 적극적이 되게 해주는 사람의 존재를 우리는 결코 잊어서는 안 된다.

조직은 메말라 있어서는 안 된다.

이런 것이 상사

옛날에 들은 이야기이다.
한 훌륭한 상사가 이런 말을 했다고 한다.
부하가 중요한 고객을 잃을 지도 모르는 큰 실수를 했다.
그는 사직을 각오하고 과장에게 말했다.
하지만 과장은 그를 격려하며 말했다.

"안심해, 내가 해결할 테니.
이럴 때를 위해 상사가 있는 거야.
자네, 오늘은 일찍 돌아가.
가끔은 부인에게 잘해 드리게."

잔소리가 아니다

'이것은 잔소리가 아니다.' 라며
잔소리를 하는 상사나 부모가 있다.
그러나 '잔소리일까 조언일까' 를 정하는 것은
듣는 쪽이지,
말하는 쪽이 아니다.

맛있게 요리를 먹는 법

유명한 요리사 V씨가 설명한
맛있게 요리를 먹는 법을 소개한다.
"요리가 나오면 바로 잡수십시오."
사람을 칭찬하는 요령도 비슷하다.
'그 자리에서 곧' 이 중요하다.

열 명 중 아홉 명은……

결점을 보기 시작하면 어린이는 자랄 수 없다.
결점을 지적당하면 더욱 열심히 하려는 아이도 있지만
대체로 열 명 중 아홉 명까지는
장점을 칭찬 받을 때 좋은 방향으로 발전한다.
이것도 어느 베테랑 교육자에게 들은 얘기다.

비즈니스의 세계에서도 마찬가지다.

주위가 문제

학생들의 자살이 세간을 시끄럽게 하고 있다.
어떤 학자가 어린이 자살의 원인으로 다음 세 가지를 들었다.

첫째, 가족인 부모에게 터놓고 말할 수가 없었다.
둘째, 도와주는 친구가 없었다.
셋째, 도움이 될 만한 책과 마주치지 못했다.

그리고 아이를 보는 것이 아니라,
아이의 주위를 보라고 충고하고 있다.

직장에서도 효과 있는 교훈이다.
문제가 많은 부하가 있다.
그럴 때는 그 부하만을 보는 것이 아니라 부하에게 영향을 끼치고 있는 주위를 보아야 한다.
그 결과 해결의 실마리를 찾게 된 경험도 나에게 많았다.

예를 들어 인사를 잘 하지 않는 젊은 여직원이 있다. 그 여직원의 주위를 살피다보면 부하가 '먼저 실례합니다' 라고 말해도, 대답하지 않는 상사가 있는 것을 깨닫게 된다. 인사에 서툰 집단에 인사에 서툰 젊은이가 생긴다고 생각할 만하다.

대사 부인에게 배울 것

B대사 부인인 조안 몬델 씨의 훌륭한 얘기를 신문에서 읽었다.

어느날 대사공관의 개조 공사가 끝났다. 대사 부부는 즉시 파티를 개최했다. 그때 초대장을 보낸 곳이 특이하다.

바로 목수, 도장공, 석수, 배관, 전기 배선에 종사한 사람들이었다. 공관을 직접 완성해 준 사람들에게 먼저 사례의 말을 하고 싶었기 때문이라고 한다. 게다가 대사와 상의해서 부인동반으로 개최하기로 했다.

한국에서는 부인 동반의 파티가 거의 없기 때문에 아내가 남편의 직장을 보는 것은 서로 간의 이해를 깊게 한다. 당일은 100명 가까운 부인들이 참가했다. 모두가 대사내외와 감격의 악수를 나누었다. 그러나 부인은 '나야말로 기뻤다'며 좋아했다. 부인들은 남편이 만든 것을 보며 남편이 하는 일을 실감했고 남편은 아내에게 자신이 만든 것들을 설명했다. 부인들에게 있어서는 아마도 일생일대의 화려한 무대였을 것이다. 마음이 따뜻해지는 광경이 아닐 수 없다.

직장에서도 무엇인가를 완수했을 때, 그 완성에 관련된 사람들에게 상사가 배려하는 마음을 가지는 것이 중요하다.

그것이 그 후의 부하의 의욕을 좌우한다.

자신의 단점

'부하를 헐뜯어서는 안 된다.
칭찬해야만 한다.'

이것이 입버릇인 과장이 있다.
그런 그가 언젠가 부하인 계장을 비방하고 있었다.

'당신은 부하를 칭찬하지 않는군.
왜 헐뜯기만 하지?
그래서는 안 돼.
부하의 단점에는 눈을 감는 거야.
당신은 칭찬에 너무 약해. 그것이 당신 단점이라구.'

세계에서 제일 짧은 연설

제2차 세계 대전 중에
영국의 처칠 수상이 학생에게 강연을 부탁 받았다.
그는 "NEVER GIVE UP"을
세 번 반복하고, 그 자리를 떠났다.
세계에서 제일 짧은 연설이었다.
하지만 그 연설은 50여년 지난 지금도
많은 사람의 기억 속에 남아있다.

똑같지만 똑같지 않다

A과장의 밑에 있던 자신.
B과장을 섬기는 자신.
모두 똑같은 자신이지만 결코 똑같지는 않다.
많은 비즈니스맨이
보통 이런 생각을 품고 있음에 틀림없다.
그래서 더욱 부하는
좋은 상사와의 만남을 언제나 마음에 바라고 있다.

감춰진 정신과 의사

지사장 시절 있었던 이야기다.

여성 영업사원 15, 6명의 조직에 새 리더를 임명했다. 새 리더는 영업사원들을 차례차례 관찰한 후 성적이 그다지 좋지 않을뿐더러 60대 중반으로 나이가 매우 많은 여성을 발견했다. 인품은 좋은데, 혼자만 나이가 많아 적응할 수 있을지 걱정이 되었다.

신임 리더는 조직의 활성화를 위해서라며 부임 즉시 그 여성을 그만 두게 했다.

그리고 1년 지났다.

그 사이 한 명, 두 명 그만 두었고 조직은 마침내 10명을 밑돌았다.

리더도 자신을 잃고 사직을 청했다.

나는 남은 직원으로부터 그 사정을 듣고 놀랐다. 사직 당한 연배의 여성은 모든 직원들의 고민을 상담해주는 '감춰진 정신과 의사'로 젊은 사람들의 마음의 지주였던 것이다. 말하자면 조직의 열쇠를 쥔 사람이었다.

이 경험 이래, 나는 '사람 보는 눈을 갖고 있다'고 가볍게 입 밖에 내지 않게 되었다.

말의 온화한 맛을……

상사가 부하를 야단칠 때,
비아냥거리며 하는 사람이 있다.
거꾸로 온화하게 감싸는 사람도 있다.

예를 들어 '너 정도 되는 녀석이
무엇을 하고 있는 거야' 라는 말을 한다면
부하는 야단맞고 있어도
'너 정도 되는 녀석' 에
은근히 온기를 느끼고 있음에 틀림없다.

엄마의 입버릇

'현관에 구두를 세 켤레 이상 놓아서는 안 된다'

이것은 한 직원으로부터 들은 '엄마의 입버릇' 이다.
이 '엄마의 입버릇' 덕분에
그 직원의 책상은
언제나 완벽할 정도로 정리정돈이 되어 있다.

언젠가 나도……

신문에서 프랑소와즈 모레샹 씨의 기사가 눈에 띄었다.

눈 상태가 나빠 한국의 병원에 갔다. 의사는 나이 때문이라며 한마디 덧붙였다.

"갱년기 증상입니다. 지금부터 점점 더 피곤해지거나 약해질 것입니다."

의사에게 악의가 없는 것은 알지만 너무나 부정적인 말이다. 그녀는 정신적 충격으로 즉시 고국으로 갔다. 그 곳에서 다시 진찰을 받았다.

하지만 프랑스 의사의 대답은 대조적이었다.

"지금 시대에 이 정도는 아무 것도 아니에요."

이렇게 말한 후 보충요법을 제안해 주었다고 한다.

한국의 의사가 언제나 이렇다고 프랑스의 의사는 언제나 저렇다고 생각하지는 않는다. 그러나 모레샹 씨가 끝맺는 말은 이상하게도 마음을 때린다.

"언젠가 나도 저렇게 될 것이라는 생각을 왜 못합니까?"

아름다운 마음입니다

95년 NBA의 매직 존슨이 은퇴를 결심했다. 이유는 에이즈감염 때문이었다. 그 고백은 전 세계에 충격을 주었다. 그의 은퇴식은 TV에서 중계되었다. 그 가운데 그가 한 말이 인상적이었다.

에이즈 감염이 무섭지 않습니까?

"언제까지나, 넘어진 그대로 있을 수는 없습니다."

시합에 나갈 수 없어서 가장 괴로운 일은?
"공통의 목적을 갖고 싸우는 12명의 동료와 헤어지게 된 일입니다."

어머니에게서 계속 받고 싶은 것은?
식장에 있던 어머니는 눈물을 흘리고 있었다. 그 모습을 보면서 세계의 슈퍼스타는 짧게, 그리고 자랑스러운 듯이 말했다.

"그녀의 아름다운 마음입니다."

96년, 매직 존슨은 다시 NBA에 복귀. 변함없는 마술같은 경기로 관객을 매료시켰다.

보통의 인간입니다

3단 넓이뛰기의 세계적인 선수 조나단 에드워즈는 95년 세계육상대회에서 18m 29cm를 뛰어 꿈의 세계기록을 세웠다. 에드워즈 선수가 인터뷰 때에 한 이야기가 인상적이다.

"보통 사람인 내가 해냈습니다. 그래서 누구나 할 수 있는 것입니다."

30세였던 에드워즈 선수는 결혼을 한 상태였다. 그 후에 계속된 말도 강하게 인상에 남았다.

"크리스천, 남편, 그리고 두 아이의 아버지. 경기자로서의 자신은 그 후에 있는 것입니다."

상쾌하게 웃는 얼굴이 맑은 에드워즈 선수. 애틀랜타 올림픽에서 패자가 되었을 때도 그는 승자에게 분함 없는 박수를 보내고 있었다.
승부에 사로잡히지 않아도 좋다. '보통 사람'인 채로도 1인자가 될 수 있다. 에드워즈 선수는 이것을 증명해 주었다.

영업의 세계에서도 똑같다.
'판매에 사로잡힌 자'는 아니지만, 최고의 성과를 내고 있다. 그런 '보통 사람'이 주위에 많다는 사실을 나는 알고 있다.

친구가 되고 싶으면……

임신 중에 여성은 임산부들에게 눈이 간다.
아이가 태어나면 눈이 가는 곳은
갓난아기를 데리고 있는 여성으로 바뀐다.

이것이 바로 인간의 심리다.

그렇기 때문에 임신 중인 여성과 친구가 되고 싶으면
그가 현재 할 수 없는 일을 화제에 올려서는 안 된다.

신이 제일 먼저 물어보는 것

우리들이 천국을 방문했을 때
신이 제일 먼저 물어보는 것은,

'할 수 있었는데 하지 않은 일이 무엇인가?
배울 수 있었는데 배우지 않은 것은 무엇인가?' 이다.

언제나 청춘

이런 문구를 들은 적이 있다.

'내일을 꿈꾸지 않는다. 이제 너무 늙었다 라며 침대에서 일어나지 않으려고 하는 노인이 있다. 그러는 중에 그 노인은 영영 침대에서 일어나지 못하게 된다.'

아내 친구의 어머니는 이와 반대다. 그 분은 언제나 '내일은 이것을 해야지, 저것을 해야지' 라고 말하고 계신다고 한다. 게다가 자신의 일은 언제나 자신이 한다. 그래서일까 대단히 정정하고 명랑한 분이였다고 한다. 그 분이 말년에 자주 입에 올린 말이 또 재미있다. 아침에 일어날 때 몸이 좀 불편하다 싶으면 이런 걱정을 했다는 것이다.

'지금부터 이러면 늙어서는 어쩐담.'

이 말은 89세로 천수를 다할 때까지 계속됐다고 한다.

세계적으로 알려진 100세의 쌍둥이 자매도 광고 출연료를 노후를 위해 저축하고 있다는 말이 사실일까.

언덕길은 힘들어도……

A씨는 자전거로 남북 아메리카, 유럽, 아시아,
아프리카, 오스트레일리아의
80개국을 주파한 엄청난 자전거 애호가다.
주행거리는 13만7천km로 총6년 반이 걸렸다고 한다.
그가 집에 무사히 돌아왔을 때
기자들로부터 여행의 감상에 대해 질문 받았다.
그때의 한마디가 우리에게 용기를 준다.
"자전거에서 힘든 것은 언덕길입니다.
언덕길은 힘들지만 정상은 반드시 있습니다."

불가사의한 나이

50세가 되면 갑자기 늙는 사람이 있고,
거꾸로 못 알아볼 정도로 젊어지는 사람도 있다.
50세는 불가사의한 나이이다.
'벌써 50살, 이제 새삼……' 이라고 생각하는 것과
'아직 50살이야, 이제부터……' 라고 생각하는 것의
차이는 여기에서 나온다.

206

어부니까

96년의 일이다. 46일간 표류하다
기적적으로 구조된 어부가 있었다.
당시 67세였던 어부는 가벼운 탈수증이었지만,
생명에는 별 이상이 없었다.

기자들의 질문에 담담하게 말한 대답이 인상적이다.

"또 고기 잡으러 나가실 겁니까?"

어부는 아무렇지도 않은 듯 대답했다.

"당연하죠. 나는 어부니까."

가사일은 가끔 하고 있습니까?

8할 이상이 여성 세일즈맨인 어떤 세일즈맨 대회에서
한 남자 직원이 이런 짓궂은 질문을 한 일이 있다.
"집에서 가사일을 하십니까?"
그러면 으레 상대방은 당혹해서 눈을 내리고 입으로 웅얼웅얼 대답한다.
"가끔 거들고 있습니다."
그러자 나는 대회장 쪽을 향해 큰 소리로 외쳤다.

"여러분, 가사일은 가끔 하고 있습니까?"

이 한마디에 대회장에서 큰 박수가 나왔다.
가사는 종료의 벨이 울리는 일이 아니기 때문에 더욱 힘든 일인 것이다.
더욱이 가사는 서로 분담하는 것이지 결코 거드는 일은 아닌 것이다.
이런 정도도 모르는 남성은 여성과 함께 직장에 다닐 자격이 없다.

중간 괄호 넣기

미국 초등학교의 교과서에
이런 문제가 있다고 한다.

오른쪽에 '환자' 라고 써 있고,
왼쪽에는 '건강한 사회인' 이라고 써 있다.

그렇다면 그 중간에 있는
괄호 안에는 무슨 말을 넣어야 할까?

이 문제의 정답은 '병원' 이다.

우측에 '신입사원' 이라고 써 있고
좌측에 '우수 실적자' 라고 써 있다.
당신이라면 그 중간 괄호에 무슨 말을 넣겠는가?

책임자와 낙오자

유명한 수필가 A씨는 다음과 같은 프랑스의 교훈적 소설을 소개했다.

'어린 아이가 도둑질을 했다.
아버지는 아무 말도 하지 않았다.
그 아이가 또 도둑질을 했다.
아버지는 역시 꾸짖지 않았다.
아이는 이윽고 도벽이 붙었고 성장하면서 전과가 쌓여갔다.
드디어 그는 사형선고를 받았다.
형을 집행하기 전, 사형수는 아버지를 만나고 싶어 했고,
사람들은 모두 감격했다.
그리운 부친과 껴안는 순간 아들은
"어이, 당신 때문이야, 나쁜 놈!"이라며
부친의 귀를 물어뜯었다.'

'부자'의 관계를
'책임자'와 '낙오한 신입사원'의
위치에 바꿔놓고 생각하면 어떨까.

우리가 두려워해야 할 것

판매 촉진 기간이 다가왔다.
처음으로 1억의 계약에 도전하는 사람도 많을 터이다.
'지금까지 1억을 돌파한 일이 없어.
점점 나이만 더 들어가고……' 라고 말하는 사람이 있다.

그런 말을 들을 때마다
나는 '얼마나 아까운가' 라고 생각한다.
과거에 할 수 없었다고 해서
왜 지금도 할 수 없다고 생각하는 것일까.

물리적인 나이를 두려워 할 것이 아니다.

'얼굴의 주름' 보다
'마음의 주름' 을 두려워해야 할 일이다.

내일 날씨에 신경을 쓰시나요?

고릴라와 3세 미만의 어린이의 공통점은 무엇일까?
바로 '내일 날씨를 신경 쓰지 않는다.' 는 것이다.
고릴라의 대뇌에는 '의욕의 자리' 가 없고,
3세 미만의 어린이는 그것이
아직 발달하지 않았기 때문에 당연한 일이다.
내일을 향해 의욕적으로 살려고 하지 않으면,
날씨는 전혀 신경 쓰이지 않는다.
당신은 과연 내일 날씨를 신경 쓰고 있는가.

천 번 넘어지다

인간은 일생 동안 천 번은 넘어진다고 한다.
넘어지면 아프지만
그 대신 일어설 때마다 새로운 지혜가 생긴다.
그러나 지혜란 일어서서
앞으로 걸으려고 하는 사람에게만 생기는 법이다.
고개를 숙이고 뒷걸음질 치는 사람에게는 후회만 생긴다.

인생을 틀에 박지 않는 사람

'나와 동년배인 어떤 사람은 지금 이맘때면
'추워져서 싫군요' 라고 말하지만 나는 반대로 겨울을 기다립니다.'

72세부터 승마를 시작한 한 할머니에게서 들은 말이다.
할머니가 승마를 시작하게 된 동기는
남편이 근처에 생긴 승마클럽에 가보면
어떨까라고 말했기 때문이라고 한다.

이 할머니는 스키도 잘 탄다.
겨울마다 가는데 더구나 혼자다.
작년에는 용평까지 갔다고 한다.

역시 '인생을 틀에 박지 않는' 것이 젊음을 지키는 비결이다.

30대 할머니

희곡 '햄릿'에는 이런 장면이 있다.
햄릿이 묘를 파는 사람에게 묻는다.

"인간은 흙 속에서 몇 개월 정도면 썩는가?"

상대는 답한다.

"보통은 수개월 정도지만,
살아있을 때부터 썩어있는 인간도 꽤 있습니다."

"인간은 몇 살부터 멍청해지는 걸까?"

"보통은 80세 정도지만
사람에 따라서 30대에 멍청해지기도 합니다."

멍청해지지 않기 위해 세일즈맨에게는 판매 경쟁이라는 것이 있다.

너한테만 비가?

지금도 인상적으로 남아 있는 말이 있다.

'시합에 진다. 선수들이 각자 핑계를 댄다. 비가 왔기 때문에, 바람이 너무 셌기 때문에, 날씨가 너무 추웠기 때문에, 또는 더웠기 때문에…… 모든 것이 이유가 된다. 조명의 명암, 태양의 위치, 관중의 떠드는 소리, 숙소의 생활, 음식, 교통 사정 등.'

어떤 선수가 비 탓을 했을 때 A씨는 엄하게 되받는다.

'비는 우리한테만 왔나? 상대는 마른 잔디 위를 달리고, 이쪽만 젖은 그라운드를 달렸기 때문이라는 거야?'

판매 세계에 오래 있으면 가끔 약해질 때가 있다.
그럴 때 자신을 격려하기 위해서 자주 이 말을 생각해냈다.

불쾌한 기분 떨쳐내기

소설가 B씨는 젊은 시절 연애 경력이 화려했던 분이다. 그 B씨가 어느 잡지에서 인터뷰를 하게 되었다.

"연애하던 상대방이 갑자기 네가 싫어졌다라고 말하면 어떻게 했습니까?"

B씨는 시원스럽게 대답했다.

"그럼 깨끗하게 포기합니다. 좋아하는 상대를 끈질기게 쫓아다니는 사람이 있다고 합시다. 그는 상대가 자신을 좋아해주지 않는다고 비난하지요. 이상한 일이에요. 싫어지는 원인은 바로 자신에게 있는데……."

시원스럽게 '원인은 내게 있다' 라고 반성하고, 과거를 끊는 것이 B씨의 지혜다. 영업 시절, 나는 이 지혜를 자주 빌렸다. 매일 여러 손님과 만난다. 가끔 만나자마자 불쾌하게 가라는 말을 듣는 일도 있다. 내가 무엇을 그렇게 잘못했길래. 일순 불쾌한 기분이 든다. 그때 자신을 돌이켜본다. 방문 시간은 적절했는가. 말을 시작한 목소리는 밝았는가. 너무 쭈뼛거리지 않았는가, 반성할만한 재료는 제법 있다.

'원인은 자신에게 있다' 라고 반성하면 불쾌한 기분이 시원하게 사라지기 때문에 놀라웠다.

세일즈의 마음가짐

한 증권 회사의 세일즈맨으로부터
세일즈의 첫 번째 마음가짐을 들었다.

'방문할 때마다 상대가 납득할 만한
정보를 하나씩만 주고 오는 것입니다.'

제일 먼저 나이를 먹는 것은?

그리스 격언 중에
'제일 먼저 나이를 먹는 것은
감사의 마음이다.' 라는 것이 있다.

직장에서 제일 먼저 나이를 먹으면
곤란한 것은 무엇일까?

그것은 당연히 '의욕' 일 것이다.

달의 돌

한 박람회에서 전시된 달의 돌을
구경하려고 많은 사람들이 왔다.
하지만 일부러 두 번이나 보러 가는 사람은 없었다.

이것은 세일즈맨에게 있어서 대단히 중요한 경고다.
신선한 면이 없는 세일즈맨은
고객을 두 번이나 만나고 싶어 하지 않는다.

옛날이나 지금이나……

'일이 즐거우면 인생은 극락이다.'
'일이 의무라면 인생은 지옥이다.'

옛날이나 지금이나 통용될 수 있는 말이다.

M부장이 좋아하는 말

"사람에게 의지하지 마라.
혼자서 한다고 생각하지 마라."

우리 회사의 M부장이 항상 즐겨하는 말이다.
비단 영업만이 아니라 사무직에서도 통용되는 것은 아닐까.
모순되지만 깊은 맛을 느낄 수 있는 말이라고 생각한다.

세상의 양면

'세상은 양면을 지녔다.
아무리 나쁜 일이 있어도
그 이면에는 좋은 일도 있다.'

실적이 좋지 않을 때
내가 자주 생각해 내는 말이다.

시작하고 7분

D씨의 얘기 중에서 인용한다.

'아버지는 평생 돌만 만진 석수장이다.
일이 끝나면 공구의 날을 깨끗이 갈아서 정돈하고,
풀무에 새 물을 준비했다.
그리고 작업장도 언제나 깨끗이 청소했다.
마지막으로 우물가에서 몸도 깨끗이 씻었다.
'일은 시작하고 7분이 중요하단다' 라고 하는 것이
아버지의 입버릇이었다.'

나는 영업의 세계도
'시작하고 7분' 이 중요하다고 생각하고 있다.

제멋대로인 과묵형 인간

가만히 있고 싶을 때는 가만히 있고,
말하고 싶을 때만 말한다.
이런 사람을 '제멋대로의 과묵' 이라고 하는 것 같다.

이 '제멋대로의 과묵' 은 인간관계를
가장 나쁘게 하는 요소 중의 하나라고 한다.

그래서 '제멋대로의 과묵' 을 즐기는 사람이
한 사람이라도 있다면 그 팀은 명랑함을 잃는다.

서로가 조직인인 이상,
'제멋대로의 과묵' 은 피해야 한다.

멋지게 웃을 줄 아는 얼굴

어느 신문의 칼럼에 뛰어난 예술가는
'멋지게 웃는 얼굴'을 갖고 있다는 말이 나왔다.

당연히 '뛰어난 세일즈맨도
멋지게 웃는 얼굴을 갖고 있다'라고 할 수 있다.

그러나 그 웃는 얼굴이 갑자기 만들어지는 것은 아니다.
평소의 행동이 중요한 것이다.

조직 속에 있을 때
당신은 멋지게 웃는 얼굴을 만들고 있는가?
동시에 당신은 멋지게 웃는 얼굴에 둘러싸여 있는가?

푸념하지 말자

'당신은 조직에 어떤 도움을 주십니까?' 라는
설문조사를 한 적이 있다.

눈에 띄는 대답의 하나로
'푸념하지 않는다' 라는 것이 있었다.
그 대답의 뒤를 읽어보니
푸념을 줄줄 흘리는 사람이 옆에 있는 게
참을 수 없을 정도로 싫다는 것이다.

'회사의 공기를 나쁘게 하는 것은,
투덜대는 한 사람이면 충분하다.' 라고 하는
어느 종교가의 말도, 이것을 증명해준다.

서로가 조직인인 이상
'투덜투덜 푸념하지 말기' 를 실행하자.

로즈 케네디 부인

케네디 전 대통령의 모친인 로즈 케네디 부인은
푸념하지 않는 사람으로 유명하다.
9명의 자녀를 키웠지만,
그 중 네 명은 그야말로 비운의 최후를 맞이했다.
장남은 전사, 2남, 3남은 암살. 2녀는 사고사.
그리고 장녀는 정박아였다.
그런데도 그녀는 주변 사람들에게 푸념 한 번 하지 않았다고 한다.
푸념은 인생을 후퇴시킬 뿐이라는 것을 알았기 때문일 것이다.

만남

어린 아이의 타고난 행복은 무엇일까?
훌륭한 사람이 되려고 노력하는 엄마를 만나는 일이
그 어린 아이 생애 최대의 행복이다.

일류 기업이 되려고 함께 노력하는 조직을
만나는 일이 신입 사원에게는 최대의 행복이 아닐 수 없다.

조직의 발전이 나의 발전

인간의 행동 과학 중에는
'개인이 혼자 변화하는 것보다 집단의 변화와 함께
변하는 것이 수월하다.' 라고 가르치는 것이 있다.
팀이 우수한 실적의 집단이 되면
개인도 우수한 실적자가 된다는 것이다.
때문에 우리들은 마음과 힘을 합해
자신이 속한 조직을 우수한 조직으로 만들면
나 역시 우수한 개인이 되는 것이다.

포기하면 안 된다

S씨가 TV에서 한 얘기에서 배운 것이다.
초등학교의 미술 시간.
도르래를 만들다가 선생님이 실패했다.
선생님은 얼굴을 찡그리며 '오늘은 안 돼' 라고 말했다.
그러자 한 아이가 엄한 얼굴로 말했다.

"선생님, 포기하지 마세요. 할머니가 그러셨어요."

1년에 1인치

영국 해군에
'1년에 1인치(ONE YEAR ONE INCH)' 라는 말이 있다.
군함이 오랜만에 항구에 닿으면
병사들은 제각각 물건을 갖고 돌아온다.
그러다 보니 화물이 점점 많아져서
군함은 1년에 1인치씩 가라앉는다.
그리고 결국에는 전쟁도 하지 못하고 침몰해 버린다는 이야기다.
'나 하나 정도야', '이 정도는 괜찮겠지' 하는 생각이
조직을 파괴해 버린다는 무서움을 가르쳐 준다.

말은 유전된다

부모가 함께
'고마워', '미안해'를 자주 말한다.
그러면 그 아이도
'고마워'와 '미안해'를 자주 말하게 된다.
유전자와는 관계없이 유전하는 것이 말이다.
그래서 무섭다.

말하지 않은 것에서 배운다

우리는 많은 사람을 인터뷰하지만
중요한 것은
상대의 얘기를 선입관 없이 듣는 일이다.

그러나 나중에 깨닫는 일이지만,
말하는 사람이
말한 것보다
말하지 않은 것에서
배우는 것이 훨씬 많다.

이것은 CNN 뉴스의 간판 캐스터의 이야기이다.

'말하지 않은 것에서 배운다' 라는 것은
우리들에게도 시사하는 바가 많은 말이라고 생각한다.

우체부 아저씨다

D씨가 생전, 거실에서 손자와 시간을 보내고 있었다.

현관에서 초인종이 울리자 손자가 '우체부 아저씨다.' 라고 소리 지르며 뛰어나갔다.

'어떻게 초인종만으로 우체부 아저씨인지 알지?'

D씨는 이상하다고 생각했다.

그러나 현관 앞의 대화를 듣고 그 비밀을 깨달았다.

겨우 10초 정도의 짧은 대화였다.

"안녕, 아가야, 속달우편이란다. 유치원의 운동회 어땠었니?"

"릴레이에서 2등 했어요."

"대단한걸. 그럼 이만. 빠이빠이."

이것뿐이다.

그렇지만 아이가 제일 듣고 싶어하는 말을 들려주었다.

손자가 초인종만으로 우체부라고 아는 것도 무리는 아니다.

누구든지 자기의 관심사에 신경을 써주면 상대를 좋아하게 된다.

$3 \times 0 = 0$

'3×0이 왜 제로가 되는 것일까?'
'15×0이 왜 제로가 되는 것일까?'
아이에게 이것을 알기 쉽게 가르치려 할 때
배꼽없는 개구리의 예를 든다.
'배꼽이 없는 개구리 몇 마리 모아도 배꼽은 제로지?' 라는 것이다.
알기 쉽게 가르치는 것의
어려움, 재미, 심오함을 깨닫게 하는 말이라고 생각한다.

어른의 지혜

G씨의 에세이에서 읽은 이야기다.
'나의 어머니는 쓸데없는 참견을 잘 하셨다.
근처의 집에서 무슨 다툼이 일어나면
하고 있던 세탁도 멈추고 가서 싸움을 말리고 오는 것이다.
거기서 어떻게 했는지,
또 무슨 일이 있었는지 물어도 별 말 하지 않았다.'
보아도 못 본 척하고, 알아도 모르는 척하는 것.
성숙한 어른의 지혜와 친절함을 드러내는 이야기라고 생각한다

힐라리와 텐진

1953년 힐라리와 텐진이 세계 최초로 에베레스트 등정에 성공했다.
사람들은 그 위업에 갈채를 보냈다.

동시에 먼저 최고봉에 선 것이 힐라리인지 텐진인지가 화제가 되었다.
하지만 두 사람은 그에 대해 별 말이 없었다.
그 후 그들의 '등정기'가 출판되었다.

많은 사람은 그 대답을 이 책으로 알게 되기를 기대했다.
하지만 그 책에는 이 말 밖에 없었다.

'눈에 덮인 능선이 정상으로 이어져 있었다.
우리들은 이 굳은 눈에 몇 번이나 미끄러지면서
드디어 정상에 도달했다.'

태도를 먼저 바꾼다

예상외로 간부가 된 한 여사원이 있었다. 그녀는 그런 기대에 부응하기 위해 일에 매달렸다. 밤 10시까지 혼자 남아 잔업을 했고 일의 개선안도 여러 차례 제출했다. 하지만 일의 능률은 오르지 않았고 상사로부터도 월권이라며 무시당했다. 자신을 응원해주는 사람은 아무도 없고 일은 점점 더 허무해졌다. 그녀는 그런 기분을 호소하며 내게 엽서를 보냈다. 나는 이렇게 답장을 썼다.

'일은 최고로 잘 할 필요는 없습니다. 관리직으로서 역부족이라고 생각해도 자신을 책망할 필요는 없습니다. 그런 나를 임명한 사람이 나쁘다고 생각하면 됩니다. 자신이 아무리 초조해해도 세상은 돌아갑니다. 그 움직임에 자신을 내맡기는 겁니다.'

세계는 터무니없이 크고 넓다.
그 세계에서 이 회사는 아주 작은 존재다.
이 회사에서의 고민은 세계에 비해 얼마나 작은 것인가 하고 생각하면 생각은 달라진다.

태도를 먼저 바꾸면 된다.

상대를 감동시키는 자상하게 마음 써주는 말

말의 위력

1판 1쇄 발행 2015년 4월 10일
지은이 강준린 **펴낸곳** 북씽크 **펴낸이** 최석원
주 소 서울시 성동구 행당동 192-29 성동사르망 1019호 **전 화** 070-7808-5465
등록번호 제206-86-53244
ISBN 978-89-97827-52-7 **이메일** bookthink2@naver.com
Copyright ⓒ 2015 강준린